朝日新書
Asahi Shinsho 952

米番記者が見た大谷翔平

メジャー史上最高選手の実像

ディラン・ヘルナンデス
サム・ブラム
志村朋哉　聞き手・訳

朝日新聞出版

はじめに

志村朋哉

スポーツ界には、時たま、スーパースターが現れる。

他を圧倒する「実力」と、見ている人を興奮させる「華」を併せ持ち、そのスポーツの人気や地位を押し上げるほどの影響力がある存在のことだ。バスケットボールのマイケル・ジョーダン、ゴルフのタイガー・ウッズ、サッカーのリオネル・メッシなどが良い例だろう。

大谷翔平は、そうした世界のスーパースターと同列に語るべき器であることを、この3年間で証明した。

投打のそれぞれで最高クラスという異次元の二刀流で、2021年と23年には満票でMVPに選出。初出場のワールド・ベースボール・クラシック（WBC）では、大会MVPに選ばれる活躍で日本を優勝に導き、大舞台でも輝けることを証明した。野球の母国アメリカで、現役最高選手としての地位を確固たるものにしている。

23年終盤には、右肘靭帯《じんたい》を再び損傷する事態に見舞われたにもかかわらず、オフにはプロスポーツ史上最高となる総額7億ドル（約1000億円）でロサンゼルス・ドジャースと契約して、世間を沸かせた。

大谷の渡米時にロサンゼルスの地方新聞で働いていた私は、米メディアで唯一となる大谷の番記者を任され、それ以来、彼のメジャーリーグでの軌跡を追ってきた。20年近く、アメリカのスポーツを見続けてきたが、大谷ほど世間の期待を上回り、常識を覆すようなパフォーマンスを発揮するアスリートは他に思い浮かばない。

22年3月に、それまでの大谷のメジャーでの活躍と現地での評価をまとめた『ルポ 大谷翔平』を上梓《じょうし》した時は、これ以上の成績を残すのは、正直、難しいだろうと思っていた。しかし、なんと2年続けて、「史上最高」とまで称されたシーズンを超えてみせたのである。WBCでは、まるで漫画かのようなドラマチックな展開と、ここぞという場面で力を発揮する姿に、自分が大谷を過小評価していたと痛感させられた。一体、この男はどこまで登り詰めるのだろうか？

本書は、大谷の軌跡を近くで見てきた二人のアメリカ人記者と私の対談を書き起こしたものである。

ロサンゼルスの大手新聞であるロサンゼルス・タイムズでスポーツコラムニストとして働くディラン・ヘルナンデスは、大谷にメジャー移籍前から注目して取材を続けてきた。日本人の母を持つディランは、流暢《りゅうちょう》な日本語を話す。大谷を取材する米メディアの記者で日本語を使えるのは、私とディランだけだったので、球場の記者席で会って話しているうちに、親近感を覚えるようになっていた。鋭い意見が求められるコラムニストを務めるディランは、期待していた通り、エッジの効いたコメントを連発してくれた。

日々、エンゼルスを取材する現地の文字媒体は4社しかない。そのうちの一つである『ジ・アスレチック』で、大谷がブレークした21年から番記者を務めるのがサム・ブラムである。ほぼ全てのエンゼルスの試合を球場で取材するサムは、大谷を取り巻く環境に精通している。

ビデオチャットで二度に分けて行われた本書の対談では、二人とも歯に衣着せぬ言葉で、あらゆる角度から大谷について語ってくれた。これまで表には出ていなかったエピソードもあるはずだ。それをなるべくそのままの形で文字に起こし、私が英語から日本語に訳した（読みやすくするため、冗長な部分や繰り返しの部分は削り、質問の順序を入れ替えたことは、ご了承いただきたい)。日本語での言葉遣いなどは、私が二人の性格などを考慮して決めた。

本書を読んでいただければ、「アメリカという国が大谷翔平をどう評価しているのか」「日米の野球観の違い」など、日本人が気になる疑問が明らかになるだろう。これからの大谷の活躍を追う上でも、非常に役立つ内容に仕上がったと自負している。最後までお付き合いいいただければ幸いである。

米番記者が見た大谷翔平

メジャー史上最高選手の実像

目次

3章　日本が報じる「オオタニサン」　115

本文写真（特に表記のないもの）　朝日新聞社
図表　朝日新聞メディアプロダクション

敬称は省略しました。

	盗塁成功	盗塁失敗	四球	三振	死球	敬遠	打率	出塁率	長打率	OPS
	10	4	37	102	2	2	.285	.361	.564	.925
	12	3	33	110	2	1	.286	.343	.505	.848
	7	1	22	50	0	0	.190	.291	.366	.657
	26	10	96	189	4	20	.257	.372	.592	.965
	11	9	72	161	5	14	.273	.356	.519	.875
	20	6	91	143	3	21	.304	.412	.654	1.066
	86	33	351	755	16	58	.274	.366	.556	.922

	自責点	被本塁打	与四球	敬遠	奪三振	与死球	ボーク	暴投	WHIP	BB9 *1	SO9 *2	ERA+
	19	6	22	0	63	1	0	5	1.16	3.8	11.0	127
	7	0	8	0	3	0	0	1	6.60	43.2	16.2	14
	46	15	44	2	156	10	2	10	1.09	3.0	10.8	141
	43	14	44	0	219	2	0	14	1.01	2.4	11.9	172
	46	18	55	0	167	11	0	12	1.06	3.8	11.4	142
	161	53	173	2	608	24	2	42	1.08	3.2	11.4	142

＊1　BB9は9回当たりの平均与四球数
＊2　SO9は9回当たりの平均奪三振数

大谷翔平 メジャーリーグ成績

打撃成績

年度	年齢	試合数	打席数	打数	得点	安打	二塁打	三塁打	本塁打	打点
2018	23-24	104	367	326	59	93	21	2	22	61
2019	24-25	106	425	384	51	110	20	5	18	62
2020	25-26	44	175	153	23	29	6	0	7	24
2021	26-27	155	639	537	103	138	26	8	46	100
2022	27-28	157	666	586	90	160	30	6	34	95
2023	28-29	135	599	497	102	151	26	8	44	95
通算（6年）		701	2871	2483	428	681	129	29	171	437

投球成績

年度	年齢	勝利	敗戦	防御率	試合数	先発登板	完投	投球回	被安打	失点
2018	23-24	4	2	3.31	10	10	0	51.2	38	19
2020	25-26	0	1	37.8	2	2	0	1.2	3	7
2021	26-27	9	2	3.18	23	23	0	130.1	98	48
2022	27-28	15	9	2.33	28	28	0	166	124	45
2023	28-29	10	5	3.14	23	23	1	132	85	50
通算（5年）		38	19	3.01	86	86	1	481.2	348	169

WAR

年度	野手	投手	総合
2018	2.7	1.3	4.0
2019	2.5	-	2.5
2020	0.0	-0.4	-0.4
2021	4.9	4.1	9.0
2022	3.4	6.2	9.6
2023	6.0	4.0	10.0
通算	19.6	15.1	34.7

参照：Baseball Reference

プロフィール

志村朋哉（しむら・ともや）

1982年生まれ。国際基督教大学卒。テネシー大学スポーツ学修士課程修了。英語と日本語の両方で記事を書く数少ないジャーナリスト。米地方紙オレンジ・カウンティ・レジスターとデイリープレスで10年間働き、現地の調査報道賞も受賞した。大谷翔平のメジャーリーグ移籍後は、米メディアで唯一の大谷担当記者を務めていた。

ディラン・ヘルナンデス

1980年生まれ。カリフォルニア大学ロサンゼルス校卒。ドジャースとエンゼルスの地元紙ロサンゼルス・タイムズでスポーツコラムニストを務める。それ以前はサンノゼ・マーキュリー・ニュースに勤務。日本人の母を持ち、スペイン語と日本語も流暢に話す。

サム・ブラム

1993年生まれ。シラキュース大学卒。2021年からスポーツ専門メディア『ジ・アスレチック』のエンゼルス担当記者を務める。それ以前は、ダラス・モーニング・ニュース、デイリープログレス、トロイ・レコードでスポーツ記者として勤務。AP通信スポーツ編集者賞やナショナルヘッドライナー賞を受賞。

1章 「世界一の選手」までの道のり

優勝を決め、ベンチを飛び出して、大谷翔平（手前）のもとに駆け寄る日本代表の選手たち＝2023年03月21日、米フロリダ州マイアミ

日本時代から注目株

トモヤ　大谷翔平のことを初めて知ったのはいつだったか覚えてる？

ディラン　彼が高校生の時。（2012年7月19日の岩手大会準決勝で）投手として99マイル（160キロ）を記録した時だったと思う。僕は自分のツイッター（現X）アカウントに日本の新聞を登録しているんだ。だから、そういう選手の情報はいつも入ってくる。その時、ロサンゼルスの地元球団のドジャースも獲得しようと狙っていた。それで大谷について取材するようになった。

その冬に行われたウインターミーティングでの出来事を今でも覚えているよ。メディアルームの外で、ドジャース関係者たちと話していたら、「（大谷を）獲れると思う」と自信ありげに言っていたんだ。でも結局、大谷は日本でプレーすることを決めた。なぜ、そうなったのか噂が出回ったよ。日本社会でこれだけ大きな動きがあるのは、不正行為や見返りが絡んでいる場合も多いという見方もあるから。ドジャース関係者の中には、「（大谷の家族が）日本ハムの工場でのデータ関係の仕事をもらった」なんていう憶測を立てて、獲得できなかった言い訳をする人もいた。真実ではなかったけど。

当時から、大谷の身長の高さや投げる球の速さをみて、「ちょっとこいつは違う」という印象だった。日本人選手は、スキルの高さに比べて肉体的強さで劣るというのが一般的なイメージだからね。大谷は正反対に見えた。投球コントロールは良くなくて、どちらかというとアメリカの若い選手のようだった。後になって、結構、野球経験が長いことに驚いたくらい。少なくとも投手としては、まだ素質と才能だけでやってるようにすら見えた。

当時、ドジャースは大谷を投手としてしか見ていなかった。プロでは打者はやらないだろうって。それに対して、日本の球団は、逆に打者として評価していた。打撃の方が投球よりも洗練されていたから。速い球は投げられても、それをコントロールできないというのは、日本的には良い組み合わせとは見られないんだろうね。

サム　大谷が高校生の時は、僕はまだ野球取材はしていなかった。大谷が渡米を決めた2017年もニューヨークの小さな町で高校スポーツを取材していた。大谷についての最初の思い出は、メジャー球団による争奪戦だね。ほぼ全てのチームが参加しての。（あまりスター選手とは縁のない）ピッツバーグ・パイレーツでさえ、大谷にアピールしようと、熱のこもったプレゼンをしたくらいだから。

通常のFA市場では、このクラスの選手を獲得することはできないと分かっている球団でも、大谷が移籍先を決める上でユニークな優先順位を持っていれば、お互いの思惑が合致して選んでもらえるかもしれないと気付いたんだろうね。彼がエンゼルスと契約した時、多くの人が驚いたのを覚えているよ。単に「自分に合うと感じた」から選んだという以外の理由は語らなかったことも。

野球報道にあまり関わっていなかったのもあって、正直、当時のことはあまり覚えていないんだけど、大きな話題にはなっていた。

二刀流への反応

トモヤ　サムがエンゼルスの担当になったのは、ちょうど大谷がブレークしてMVPを受賞した21年だったよね。

サム　そう、6月半ばだった。大谷は5月に打撃で絶好調になり始めて、ブラディー・ジュニア（ブラディミール・ゲレーロ・ジュニア）と本塁打数で競っていた。投手としては、球団が（無理させないために課していた）制約を外した時だった。投球数制限や休養日が取り払われて、今に続く大活躍が始まったんだ。

トモヤ　大谷がメジャー挑戦を発表した時、アメリカのスポーツメディアは、これまでの日本人選手以上に大きく取り上げた。その理由はやはり二刀流だから。メジャーという舞台で、それが可能なのか。誰もが興味津々だったと思う。

ディラン 彼ならできるとは思ったけど、でもそれ以上に、単にメジャーで二刀流をやる選手というのを見てみたい気持ちが大きかった。当時、二刀流が可能だなんて思っていた球団は、そんなになかったと思う。

僕は17年9月に、大谷を取材しに1週間くらい日本に行った。（大谷が所属していた北海道日本ハムファイターズの）東京での試合を見て、大谷の母校である花巻東高校を訪れて、彼のことをよく知る人たちに話を聞いたんだ。大谷の試合には10〜20人くらいのメジャースカウトや関係者が見にきていて、彼らとは一緒に出かけたりよく話したりしたよ。面白いことに、その時、エンゼルスからは誰も来ていなかった。

分かったのは、二刀流に前向きではない関係者もいたということ。あるゼネラルマネージャーは、「彼はバッティングを諦める気はあるのか?」と僕に聞いてきた。打撃に関しては懐疑的な声が多かった。（高校時代と同じように）この時も、日本では投手としてよりも、打者としての方が優れていると思われていた。コントロールに難があったから。逆に、アメリカでは、投手として見られていた。100マイルの球は、どこに行っても100マイルだから。

つまり、日米ともに二刀流に懐疑論はあったということ。それぞれに盲点があったということでもある。アメリカ側は、大谷の打者としてのスキルを過小評価していた。それに対して、日本側の関係者は、球速の効果を過小評価していた。１００マイルの球があれば、たまにミスするくらいなら問題はないのに。日本人の考える理想のピッチングではないのかもしれないね。

僕には大谷が投打の両方をやる姿が想像できたけど、実際にどういう形になるのかは分からなかった。スカウトの中にも、できると確信していた人はいた。特に日本に頻繁に足を運んでいたスカウトほど、そう考えていた。16年くらいには、大谷が「世界一の野球選手」だと言う人すらいたよ。ドジャースのGMを務めたこともあるダン・エバンスも、大谷が二刀流で成功すると信じていた一人。大谷が最初のスプリングトレーニングで苦しんでいた時も、信じて疑わなかった。エバンスのように、長年の実績があるスカウトたちが大谷の能力を信じていたから、僕もできると思っていた。

サム　大谷も、それをすぐに証明したよね。18年の初めは、本当に高いレベルの投球をしていた。新人王に選ばれる活躍をして、投打の二刀流が可能だと証明したんだ。

そもそも、メジャーで二刀流をやれるだけのポテンシャルがあると思っていなければ、あんなふうに全30球団が大谷獲得に熱心になるようなことはなかったはず。ディランも言ったように、100マイルを投げられて、とんでもない打撃パワーがあるんだから、二刀流ができるツールは揃っていた。それに日本でできていたんだから、アメリカでも可能性はあるだろうと考えるのは普通のことだと思う。ただし、打者として50本近くホームランを打って、投手として160イニング以上投げられるとは、さすがに誰も想像していなかったとは思うけど。単にメジャーで二刀流ができるかどうかよりも、そっちの方が誰も予想できていなかったと思う。

ディラン　日本で取材した時に話したスカウトが、大谷はアメリカでもホームラン50本を打てると言っていたよ。

でも、投手・大谷をどう使うべきなのか、当時は誰もわかっていなかったと思う。その頃、ナショナルリーグは、まだ指名打者制度を導入していなかったから、クローザーで使うことを考えていたナ・リーグ球団もあった。8回まで右翼手として起用して、その後クローザーとして起用するとか。それだと年間60～70イニングを投げることになる。

それもあって、大谷はエンゼルスを選んだと思う。そんなに強いチームではないから、

テキサス・レンジャーズの本拠地グローブライフ・フィールドで、試合に臨むエンゼルスの大谷翔平＝2021年09月28日、米テキサス州アーリントン

大谷の活躍のためなら、何でも受け入れてくれるだろうし。その点で、日本ハムとエンゼルスには、多くの共通点があった。大谷が日本ハムに入団した時、ダルビッシュが退団したばかりで、チームは再建中だった。だから、「よし、こいつには二刀流をやらせてみよう」と思えたんだと思う。それでMVPをとるまでに成長した。チームも中田翔とか若手が成長してきて優勝した。大谷は、「エンゼルスに入って、チームと一緒に自分も成長しよう」と思い描いていたんじゃないかと思う。でも実際には、大谷は飛躍したけど、エンゼルスは低空飛行を続けるどころか下降してしまった。

エンゼルスを選んだ理由

トモヤ　大谷はいまだにエンゼルスを選んだ理由を明言していない。最大の理由は何だったと思う?

ディラン　一つは状況だと思う。たとえば、ワールドシリーズを争うドジャースに行っていたら、「うちは必死なんだ。君に打ったり投げたりを試してもらっている余裕はないんだ」と言われたかもしれない。そもそも、防御率27・00だった最初のスプリングトレーニングの後に、一軍に残れなかったかもしれない。

エンゼルスは、彼にすぐに結果を求める必要があるほど強いチームではなかった。だから大谷も、「まずはエンゼルスで二刀流を完成させよう。マイク・トラウトもいるし、自分が二刀流で活躍できるようになれば、優勝も狙えるようになるはずだ」と考えたというのが僕の推測。

それともう一つ。花巻東の佐々木（洋）監督にインタビューした時に、「大谷はドジャースかヤンキースに行きますよね？」と聞いたら、監督は、「そうは思いますよ。彼はそんなにすごい伝統や日本人選手在籍の歴史もないチームに行くと思いませんん。彼は自分で歴史を作っていきたいと思っている」と答えたんだ。そしてこう付け加えた。「彼は全国のどの高校にも行けたはずなのに、誰もやったことのないことをやるために岩手にとどまった。そういう人間なんです」と。高校卒業時も、「アメリカに行くからドラフト指名しないでくれ」と日本の球団に言ったよね。高校から直接メジャーに行く選手なんていなかったのに。

日本ハムは、誰もやったことのない二刀流に挑戦するチャンスを与えることで、日本に残るよう説得した。2017年にメジャー挑戦を発表した時も、日本球界の重鎮たちが、「アメリカでは二刀流は難しいだろう」と言っても、彼は気にしなかった。とにかく誰もやったことのないことをやりたいという気持ちが強いんだ。

ほぼ自分一人の力で球団を変えたと称されるような存在になりたいんじゃないかな。スポーツ界には、そういう選手が何人かいる。シカゴ・ブルズといえば、何を思い浮かべる？　マイケル・ジョーダンだよね、引退して何年も経っているのに。ディエゴ・マラドーナは30年間ナポリでプレーしていないけど、チームの名前を聞いたら、真っ先に思い浮かぶのはマラドーナ。ヤンキースに行ったら、そういう存在になるのは難しい。ヤンキースは個々のスター選手を超越するくらい伝統のある球団だから。ドジャースもそう。エンゼルスはそうではない。それも一因だったと思う。

サム　2021年に、エンゼルスは彼に課されていた制限を全て取り除いて、「君がやりたいようにやれ」と言った。もしかしたら、それが彼が再度、肘を痛めた理由なのかもしれない。体を酷使しすぎたり、投球量が多すぎたり。

でも、大谷がそれで後悔しているということはないはず。過去を変えたいと思ってはいないと思う。というのも、ディランが言ったように、全てのチームが彼にこういうチャンスを与えるわけではなかったから。エンゼルスでは、彼は監視されることなく自分の好きなようにトレーニングをすることができた。ＷＢＣでも好きなだけ投げて、好きなだけプレーすることが許された。エンゼルスで過ごした6年間で、良い面もいっぱいあったはず。「勝つ」という面では、ちょっと誤算だったとは思うけど。

でも、ここ3年間の彼の活躍は、チームの勝敗なんて関係ないくらい異次元だった。野球史や人々の記憶に永遠に刻まれるくらい。これから大谷が、大きな怪我《けが》なんかをして、殿堂入りに求められるような成績を積み重ねられなかったとしても、選ばれるべきだと思うよ。もし、明日引退したとしても、殿堂入りする価値があるくらいの偉業をすでに成し遂げたと思う。他のチームでは、それほどの活躍が可能だったかは分からない。ある程度の成功は収めたかもしれないけど。エンゼルスが勝敗を無視してでも大谷にチャンスを与えて、大谷がそれに応えたのだけは事実だよ。

ディラン　僕も大谷はエンゼルスを選んで正解だったと確信している。この本を読んでいる日本の方に、これだけは伝えたい。メジャーリーグの球団を運営する一部の人間がどれほど傲慢《ごうまん》で愚かかということを。そういう人間が「二刀流は無理だ」と決めつけてしまっていたら、道は閉ざされていた。そういう自虐的な行為を僕はたくさん見てきた。だから大谷がエンゼルスを選んだのは正しかった。

もしかしたらボルティモア・オリオールズなんかに行っていたら、二刀流での成功もポストシーズン出場もできていたかもしれない。でもそれも「たら・れば」の話。現実として、大谷はエンゼルスで二刀流をやり続けられた。目標にしていた「世界一の選手」にもなった。WBCで優勝もできた。だから全く勝っていないというわけでもない。十分に成功を収めたと思うよ。

苦悩からの飛躍

トモヤ　新人だった18年の活躍をどう思った？

サム　18年に短い期間ながらも、投手としても打者としても高いレベルでプレーできることを示せていなかったら、今の成功はなかったかもしれない。1年目の活躍がなかったら、肘の手術を経て投手として復帰した21年に、二刀流のチャンスはもらえなかったかもしれないからね。誰もが覚えているような一年ではなかったかもしれないけれど、可能性を開いたとは言える。

ディラン　僕にとっては、自分が大谷を日本で実際に見て抱いた評価が間違っていないと確認できた一年だった。17年に日本で彼を見た時、「とんでもないアスリート」だと思った。たしか3、4試合を生で見たと思う。一番印象的だったのは、彼が平凡なショートゴロを打ったシーンだった。ふと顔を上げると、一塁でギリギリのアウト。とにかく速かった。記者席にいたんだけど、すぐ下にいたスカウトたちのところに降りて行って、大谷の一塁までのタイムを聞いたよ。3・7秒か3・8秒だったと思うけど、あの体格にしては驚くほど速かった。

大谷のメジャー1年目に、同僚がこんなことを言っていたのを覚えている。「もし大谷がアジア人でなかったら、みんな『なんてすごいアスリートなんだ！』って話題にしていると思う」って。アメリカ人は、身体的にずば抜けた日本人アスリートを見慣れていなかったから。大谷の打撃練習を見ていると、リトルリーグで一人だけパワーの違う大きな子を見ているような感じになる。

投手としては、メジャーに来て二度目の先発登板で、オークランド・アスレチックスを相手に7回まで完全試合ペースだった。それを見て、「いつか完全試合をやってのけるだろう」とコラムに書いたよ。コントロールが良すぎて、相手打線はなす術がなかった。大人が10歳の子供相手に投げているように見えた。

僕はスカウトじゃないし、ブルペンの投球練習を見ていても、誰が本気で投げているかを見極めるようなことはできない。85マイルの球ですら、僕には豪速球に見える。でも、バリー・ボンズが場外にホームランを打ったり、マラドーナがドリブルで敵を翻弄《ほんろう》したりするのは、すごいと分かる。大谷もそういう存在に見えた。身体的な面では、メジャーリーグの中でも99・9パーセントの選手より遥かに優れていると。

トモヤ　その後、大谷は19年、20年と不振だった。21年にあんな感じで立ち直ると期待していた？

サム　19年から20年にかけては、前例のないことだし、やっぱり二刀流は無理なんじゃないかと懸念はするようになった。でも21年のスプリングトレーニングを取材していた時に、大谷がバックスクリーン越えのホームランを打ったのを目の当たりにした。その時に、「まだ二刀流は終わっていないな」とみんなが言っていたのを覚えているよ。

ディラン　18年の活躍を見れば、大谷の打撃がすごいことに疑いの余地はなかった。問題は、健康へのリスクを考慮して投手を続けるべきかどうかだった。大谷がホームラン50本を打てると言っていたスカウトが、打者に専念すれば60本は打てるとも言っていたよ。

トモヤ　成績が飛躍的に向上した理由はなんだったと思う？

サム　僕は21年以前の大谷を取材していたわけじゃないから憶測になるけど、ついに健康な状態でプレーできるようになった結果じゃないかな。体つきが随分と大きくなったのは知っている。以前に比べてめちゃくちゃデカくなったと思った。写真や映像を見れば、メジャーに来た時と体つきが変わったのは明らか。

ディラン 「体がデカくなった」って何を言いたいんだ?（笑）

サム どういうこと?

ディラン 冗談だよ（笑）。

サム ああ、ステロイドをやったんじゃないかってことか（笑）。もちろんそういう意味じゃないよ。正直、頭をよぎりもしなかった。もし、絶対に薬物をやらなそうな選手を一人選べと言われたら、多分、大谷って答えると思う。野球への敬意を最も重要視しているように見えるし。だから、彼が使っているなんてことが分かったらショックだよ。

ディラン 冗談はさておき、僕も肉体の変化にはびっくりした。21年のスプリングトレーニングで、僕は（キャンプ地のアリゾナ州）テンピには行かなかったけど、大谷の体が明らかにデカくなってるのを見て、当時エンゼルスを担当していた同僚記者のジャック・ハリスに電話して、「大谷のMVP受賞のオッズを調べた方がいいぞ。明らかに体つきが変わっている」と言ったのを覚えている。大谷に関する最大の懸念は健康面だったから。

大谷自身は、体重は変わっていないと言っていたから、もしかしたら筋肉や脂肪のバラ

打者を三振に抑え、拳を握る大谷＝2018年04月01日、米カリフォルニア州オークランド

ンスとか、筋肉のつき方が変わったのかもしれない。日本でプレーしているのを見た時は、細長い体型で、まだティーネイジャーの体って感じだった。肉体的に完成したのが飛躍の要因かも。

それと、2019年の終わりに左膝の手術をしたっていうのもある。本人も膝が原因でスイングが安定しなかったって言っていたし。サムの言うように、21年にようやく健康な状態でプレーできたのが大きいと思う。

シーズンが始まる前に、エンゼルスの首脳陣に、決まった休養日をもうけずにプレーさせると言われたのも影響したかもしれない。彼はそれを脅しに近い感じで受け取ったみたいだから。「お前はこれから毎日プレーしろよ」って、投打のどちらかを諦めさせるように。『ディズニープラス』のドキュメンタリーでは、ジョー・マドン監督（当時）と話して、脅しではないってちゃんと言われたと説明していたけどね。でも、もうあとがない状況だと感じてはいたと思う。結果を残さないといけないと。

彼のキャリアを見ると、そういうピンチの状況でギアを上げてきた。「今年、結果を残せないと、二刀流はもうやらせてもらえないかも」って思ったのが飛躍の一因になったと思う。

球史に残る3年間

トモヤ　大谷の21年を「史上最高のシーズン」と呼ぶ人もいるけど、どう思う?

ディラン　二刀流をどう評価するかは本当に難しい。たとえばバリー・ボンズのプレーを見たけど、ストライクゾーンの球は、全部ホームランにする感じだった。それらをどう比較するのか? 僕は大谷の21年シーズンよりも22年シーズンの方が良かったと思う。投球で上回っていたから。でも、二刀流をこのレベルでやった人は他にいないのは確か。

あと、大谷について語る時、見過ごされがちなのは、野球というスポーツのレベルが、昔に比べてどれだけ上がったかということ。以前は90マイル後半の球を投げる投手が2、3人くらいだったのに、今はどのチームにも100マイルを投げる投手がいる。今の時代、打つのがどれだけ難しいかってことが分かる。それはまた、投手にも球速が求められるということでもある。そんな大変な時代に両方をこなしているんだから、史上最高だったという声が上がっても不思議ではない。

時々、その人を中心にスポーツが回っているんじゃないかと思うような選手が出てくる。(史上最高のリードオフマンと称される)リッキー・ヘンダーソンやバリー・ボンズのように。

大谷もそのうちの一人。リトルリーグには、一人で試合の結果を決めてしまうくらい飛び抜けた子がいるよね。そんな感じ。

サム　史上最高のシーズンだったと思う。でも、それを22年に超えて、23年はさらに上回った。ディランの言うように、スタイルの異なる選手を比べるのは難しいよね。ボンズも史上最高と称されるに相応《ふさわ》しいシーズンがあった。

　それでも僕にとっては大谷が一番かな。バッティングとピッチングだけじゃない。足がとんでもなく速くて盗塁もできる超一流のアスリート。彼は誰にもできなかったことをやってのけた。それを超えるものなんてない。ホームランを46本、100打点を記録すると同時に、130イニングを投げるなんて、もうお手上げだよね。バリー・ボンズは73本塁打を記録したけど、ピッチングはしていなかった。

　22年のアメリカンリーグMVPで、僕は大谷に票を入れた2人の記者のうちの一人だったけど、それも同じ理由。投打の両方でこれだけの活躍をしたら、それを超えるものなんてないんだから。だから、過去3年間の活躍は、どれも史上最高のシーズンだったと確信している。今のところ、それを超えられるとしたら大谷だけだよ。

トモヤ　サムの中では、大谷の23年が史上最高で、22年が2位、21年が3位ってこと？

サム　そうだね。最後の1カ月を欠場したから、23年より22年の方が良かったという見方もあるかもしれない。23年は、指のマメや筋肉の痙攣《けいれん》や疲労なんかで投球のコントロールがうまくいかずに苦しんでいたし。22年にマウンドに上がった時は、完全試合をするんじゃないかと感じることがあった。特に終盤に（打線の弱い）アスレチックスと対戦した時は、毎回、そんな予感がしたくらい。

それでも僕は23年がベストだと思う。彼が夏にやっていたこと、特に6月の活躍は、それだけでチケット代を払う価値があった。23年は、エンゼルスの試合に行くたびに、日本のファンたちが球場の前で写真を撮るために列をなしてた。9月になって大谷が欠場していたにもかかわらず、彼がベンチにいる姿を見られるんじゃないかというファンが、球場に詰めかけていた。彼がこのチームだけでなく、野球界で築いた地位の証だと思う。そうした数字では測れないような影響も含めて史上最高だと思う。

トモヤ　確かに、サムは22年のMVP投票で、62本塁打でア・リーグ記録を更新したアーロン・ジャッジではなくて、大谷に入れた2人の記者のうちの一人だった。僕は難しい判断だと思った。MVPは文字通り「最も価値がある選手」に与えられるべきで、ジャッジは勝利への貢献度を示す総合指標のWARで上回っていたから。でも広い意味で、野球界にとっての歴史的な「価値」を考えれば大谷だろうし、二刀流の価値が既存の指標で過小評価されている可能性もある。

ディランは、サムの判断は正しかったと思う？

ディラン 正しかったと思う。ホームチーム贔屓《びいき》だったってからかおうとも思ったけど(笑)。

サム どうぞ、からかってください(笑)。

ディラン 僕もコラムで大谷が選ばれるべきだったと書いたよ。

時々、振り返ってみて、「どうしてあの選手が選ばれたんだ」と思うような年がある。88年のナ・リーグMVPを受賞したカーク・ギブソンが一つの例。22年のア・リーグMVPも、後にそう見られるようになると思う。なんで大谷じゃなくてジャッジだったのかと。

大谷があまりにも簡単に二刀流をやってのけるから、人々が見慣れてしまったというのはあるかもしれない。どれだけ難しいことなのか、みんな掴みきれていないのだと思う。あえて予想するなら、これから50年経っても、投打のそれぞれを大谷レベルでこなせる選手は出てこないと思う。だから、50年後には、「なんで22年は大谷がMVPじゃなかったんだ」と言うことになると思う。

今の時代はスマホに大量の情報が流れてくるから、すぐに慣れて感覚が麻痺《まひ》してくるんだ。誰もやっていない二刀流をやって、次の年も同じような活躍をしても、「なんだ同じじゃん」と思うかもしれないけど、それで2年目の活躍の価値が薄れるのはおかしい。大谷はそういう感覚の犠牲になったと思う。

それにインターネットの普及で、20年前と比べると、ファンが得られる情報量が格段に増えた。ボストンに住んでいるファンが、西海岸にいるサムのことを知っているなんて、紙の新聞しかなかった時代には考えられなかった。他都市の番記者が誰だとか、誰に投票したなんてことは分からなかった。でも今はファンも、どの記者が誰に投票したか、すぐに調べられる。だから最近は票割れせずに、一部の選手に票が集中することが多い。記者たちも、集団から外れた行動をとって批判されたくないという心理が働くから。そういう意味で、集団から外れるのを恐れなかったサムは賞賛に値する。他の記者はみんな臆病者だったんだよ。

僕らの仕事は、他とは違ったストーリーの伝え方や物事の見方を模索するのが本質のはず。でも、今のジャーナリストの多くは、単なる速記者になっている。人が言ったことを、そのまま文字にするだけ。「MVPはジャッジだ」という雰囲気になると、みんなそれに流される。ジャッジはメディアの中心地であるニューヨークでプレーしているし。

サム　確かに、ニューヨークというのはジャッジに有利に働いたと思う。（ア・リーグ本塁打記録に迫っていた時は）彼が打席に立つたびに、大学フットボールの試合から中継が切り替わっていたくらいだから。あくまで更新したのは、メジャー記録ではなくて、ア・リーグ記録なのに。ステロイドに汚されていないという理由で、実質的な本塁打記録と見ている人も多いのかもしれない。それでも僕は大げさだと思った。

普通の年なら、ジャッジに投票しても文句はないよ。MVPに相応しいシーズンだったのは間違いない。でも大谷もMVPに相応しいシーズンを送ったと思う。

WBCでの活躍

トモヤ　23年のワールド・ベースボール・クラシックに話題を移そう。僕は久しぶりに野球であんなに熱狂した。特に決勝戦の最終場面で、大谷とマイク・トラウトが対戦した時は、「現実でこんなドラマチックなことが起こるのか」と興奮が最高潮に達したよ。

ディラン　スポーツで一番難しいのは、みんなが期待しているときに、それに応えたり、上回る結果を出すことだと思う。たとえば、メッシでさえ、22年までは、ワールドカップで期待されているような活躍ができなかった。僕らメディアにも責任があると思う。過剰に煽《あお》ってファンを期待させてしまうから、アスリートがその期待に応えるのは、なかなか難しい。

だからこそ、タイガー・ウッズのようなアスリートは特別。彼がプロになった時、史上最高のゴルファーになるんじゃないかと期待されていたけど、それを上回るようなパフォーマンスを見せた。ＷＢＣでの大谷は、それに近い感じだった。しかも野球では、良いスイングをしても、運が悪くて結果に繋がらないこともある。頑張っても報われないことがあるスポーツで、チームを勝利に導こうとする意志が感じられた。

最後のトラウトの打席は、永遠に歴史に刻まれる瞬間だと思うけど、メキシコ戦で劣勢に立たされていた時の打席が、僕は印象に残っている。たぶん6インチくらい外角に外れていたんじゃないか。それをヒットにするんだから。試合後に確か、「出塁しようと決めていた」って言ったと思うけど、「決めていた」ってねえ。確かに漫画の世界のことのようだった。彼の内面で起きていたことが、パフォーマンスとなって発揮されたシーンだった。それが特別なアスリートである証なんだ。プレーを見ているだけで、その人を知っているかのような気分にさせてくれる。あの大会を通して、大谷の競争心の強さを思い知らされた。
もう一つ印象に残っているのが、大谷が決勝戦の前に行ったスピーチ。彼もメジャーの選手に憧れてアメリカに来ていたから、チームメイトの心理を理解していたんだと思う。そういうことを全て断ち切らせて、みんな「俺の背中に飛び乗れ」みたいな感じだった。日本で年功序列が大きな意味を持っているのは理解している。だからこそ、あそこで（最年長ではない）大谷が、ああいうスピーチをして序列を打ち破ったことで、日本社会にどんな影響を与えるのか興味がある。スピーチの仕方も上手で素晴らしかった。優れた選手というだけでなく、優れたリーダーでもあるということが分かった。

サム　WBC期間中は、エンゼルスのスプリングトレーニングを取材していた。大谷が最後の先発登板をした後に、エンゼルスの監督や選手に、大谷の活躍をどう思ったのか聞いた。もう大会では投げないということだったから。でも、たしか準決勝で勝った後に、大谷がインタビューで、決勝戦での登板の可能性を仄《ほの》めかしたんだ。それで球団はちょっと焦った。「大変だ。シーズンで勝つためには、彼が必要なんだ。今シーズンは彼の健康状態にかかっているのに」って。でも大谷には、このトーナメントを勝ち抜くという使命があった。そして、それを成し遂げた。

結果的にも、最後の試合で投げたことがシーズンに影響を与えたとは全く思わない。僕が感じたのは、この大会で日本を優勝させるんだという大谷の強い決意。ディランが言ったように、「塁に出る」「ヒットを打つ」という積極的な姿勢が感じられた。それが彼の大事な場面での思考回路なんだと思う。エンゼルスで、大舞台でのそういう姿を見ることができなかったのは残念だった。

あと、彼が日本人にとって、文化にとって、国にとってどれほど大きな存在なのかを実感した。彼のバッティング練習を見ようというファンで球場が満員になるんだから。野球という枠を遥かに超えた存在なんだろうね。メジャーで2年間もMVP級の活躍をした後に、故郷に帰って、母国のファンの前でプレーできたことは、彼のキャリアの中で最も思い出に残ることの一つになると思う。それ以上に特別なことはないと思う。

大谷とトラウトの二人でエンゼルスを勝たせることはできなかったけど、チームメイトとしてWBCで対決したことは、球団にとっても、歴史的な場面として語り継がれると思う。

大谷の存在が、大会を特別なものにしたのは間違いない。これまでのWBCは、物議を醸したり、面白みに欠けたりと、（アメリカでは）それほど重要だとは見られていなかった。

WBCメキシコ戦の９回裏無死、二塁打を放ち一塁へ向かう大谷翔平＝2023年03月20日、米フロリダ州マイアミ

JAPAN
16

でも大谷の活躍で、WBCのステータスが上がったと思う。特に野球ファンにとっては、サッカーのワールドカップ的な存在になったと思う。本当にクールで特別なイベントになった。特に大谷がプレーしている時は、絶対に見なきゃと感じさせた。

ディラン　メジャーリーグでは、いつも「サンプルサイズが大事」だと言われる。試合に負けても、「たかが1試合」「たかが1打席」と言う。トラウトは大谷からヒットを打ちたかったたか？　もちろん、打ちたかったと思うよ。でも大谷に三振を喫した後、打ちひしがれていたか？　たぶん、それはないと思う。「しょうがないか。1打席だけだったんだから」と思っているから。でも大谷は、高校で甲子園に行っているし、1打席、1打席が特別な瞬間だと思っている。言い訳は許されない。日本では、「そういう大事な場面で、その人の本質が明らかになる」という見方が強いと思う。そして明らかになったのは、大谷が大舞台でも結果を出すということ。

野球が全て

トモヤ　23年の大谷は、シーズン最後の1カ月を欠場しながらも、WARでメジャー1位の10を記録するという異次元な活躍だった。今年の大谷で最も印象に残ったことは？

サム　打撃は素晴らしかった。でも僕は、毎日プレーし続けようとする姿勢が最も印象に残った。フィル・ネビン（監督）に何度も尋ねたよ。「今日は休ませなくていいのか？」と。エンゼルスが大谷をトレードしないと決めた直後の、（7月27日の）デトロイトでのダブルヘッダーでは、大谷は第1試合に先発してメジャー初完封を達成した。その40分後の第2試合では、2本のホームランを打った。さすがに痙攣を起こして、4回で交代したけど。でも翌日は、トロントに移動して、またスタメンで出場した。ポストシーズン争いをしていたから出場したいという気持ちは分かるけど、さすがに人間である以上、「これは絶対に無理だ」と思ったよ。

8月23日に肘の靭帯を損傷した時も、レッズとのダブルヘッダーで、第1試合に登板した。2試合目が始まる前には、2度目の手術が必要かもしれないことが判明していた。彼のフリーエージェントとしての価値は不透明になり、キャリアの方向も変わるかもしれない。手に入れるはずだった数億ドルが消えたかもしれない。それなのに、彼はどうしたと思う？　第2試合に出場したんだ。すでにチームはプレーオフ争いから離脱していたから、なんの意味もない試合だったのに。

僕には彼があそこでなぜ出場したのか理解できないし、彼の考え方の根本を本当の意味では理解できないと思う。全く意味のないことであっても野球のグラウンドに立ちたいという必死さなのかもしれない。オフにフリーエージェントになるのだから、できる限りいい契約を勝ち取るためにも、休んで健康状態をとどめたいと思うのが普通だと思う。無事にシーズンを乗り切るだけっていう選択もできたけど、彼はそうする人間じゃないんだ。チームをプレーオフに導くために自らを犠牲にすることを厭《いと》わずに何でもする。賞賛に値するよ。僕にはとてもできない。だからこそ、彼は7億ドルを稼ぐ男で、僕はそうではないんだろうね。

ディラン　そういう意味では、彼はまだ日本の高校生なんだと思う。

僕は東京オリンピックの準備状況を取材するために、19年にも日本に行った。佐々木朗希が岩手大会で投げているのを見に行ったら、偶然にも花巻東高校の隣にある公園だったんだ。せっかくなので、（花巻東の）佐々木洋監督に挨拶に行ったら、ちょうどノック練習をしていた。でも、いつまでたってもノックが終わらないんだ。結局、1時間半くらいは待ったんだけど、終わらずに挨拶もできなかった。

アメリカでそんな練習をしたら、虐待と見なされるかもしれない。メンタリティがあまりに違うんだ。日本人はプロセスを重視する。目的地ではなく、そこまでの過程が大事なんだ。アメリカ人は、「結果が全て」と教えられる。そこにたどり着きさえすれば、どうやってたどり着こうが関係ない。日本だと、特に野球は忍耐力を試される。だから、ピッチャーは、メジャーに来るまでにとんでもない球数を投げている。

大谷が野球一筋だという話を聞いた時、僕は「ありえない。何か裏があるに違いない」と疑いの目で見ていたんだ。彼が日本ハムでプレーしていた頃、球団は1年目、2年目の若い選手のために寮を用意していた。その期間が終われば寮を出るのが普通なんだけど、大谷は「練習場のすぐそばだし、食事も出るから」とそこに住み続けていた。高校時代のコーチも、「引っ越せ、彼女を作れ、人生を楽しめ」と言ったらしいんだけど、大谷は生活を変えなかった。

日本ハムの選手たちがタクシーを拾う場所で、何人かの運転手に、「大谷を乗せたことありますか?」と聞いてみたんだ。「彼はたいてい他の若手と一緒に乗って、いつも野球の話をしている」と言っていた。「どこに連れて行くんですか?」と聞くと、「寮に連れて帰るよ」と。「他の場所に連れて行ったことは?」と聞いても、「ない」って言うんだ。「まじかよ!」と思ったよ。

野球が好きすぎるんだろうね。彼はお金には興味がない。映画『ナチュラル』のロイ・

ホッブズみたいに、「道を歩いているみんなが僕を見て、『史上最高の野球選手、ロイ・ホッブズだ！』と言われるような選手になりたいんだと思う。

23年の大谷で、最も印象に残っているのは走塁の姿だな。ワイルドカード争いで5、6ゲーム差を付けられているような状況でも、出塁したら本気で走るんだから。シングルの当たりで二塁まで走ったり。その一生懸命な姿勢は、ある意味とても純粋。だからこそ、それを止められる大人の存在が必要だと思う。誰かが彼を抑えないと。日本のやり方は選手を壊してしまうという現実があるから。日本ハムは、幸いなことに、健康面に気をつけてくれる組織だった。高校時代のコーチも彼の将来を見据えてくれていた。だから、彼は比較的よく温存されたまま、アメリカに来られた。

でも一般的に言うと、日本の野球文化は選手を壊すと思う。日本の選手がトミー・ジョン手術を施す確率は、アメリカの投手よりも高い。長所もあるけど、健康を維持できるようなシステムではない。常に全力を出し切らないといけないという発想が、彼の肘を壊したんだと思う。

以前は彼の発言を、「本当にそう思っているのか？」と疑っていた。たとえば、フリーエージェントになることについて、「まだ考えていない」と言ったり。でも彼の言葉を額面通りに受け取ってみると、確かにその通りに行動しているんだ。接戦を落とした時なんかに、「もう忘れて明日のことを考えよう」と言うんだけど、本当にそう考えていると思う。彼ほど前向きに考えるのが上手な人はいないよ。彼が癇癪《かんしゃく》を起こすことがあると聞いたことはあるよ。特に日本でプレーしていた時は。ベンチ裏のトンネルで物を投げたりとかね。聞くところでは、こっちに来てからも、そういうことはあるみたいだけど、それは大した話ではない。彼は大部分、世間で言われている通りの人間なんだと思う。

日本の番記者たちは、みんなかなり捻《ひね》くれているから、こうジョークを言ってやったよ(笑)。「お前らに俺の脳内を汚されちゃったじゃないか。大谷は良い子じゃないか。俺も捻くれて彼のことを見てしまっていた」ってね。まあ「良い子」というよりは「純粋な子」かな。サムの言うように、数億ドルを棒に振るかもしれないのに、全力でプレーし続けるんだから。

サム　大谷がお金に興味がないというのには同感だね。でも、どうだろう、一番お金を稼ぐ選手になるということは、彼にとって重要なことなのかもしれない。言いたいこと分かるかな？

ディラン　分かるよ。100パーセント同感だ。彼のスポンサーを見てみてもヒューゴ・

ボスのような一流ブランドが多い。彼が唯一、単独インタビューの機会を与えている日本の雑誌は『Number』。日本では、こっちで言うところの『Sports Illustrated』のような権威ある雑誌。彼はエリート・ブランドとの付き合いを望んでいるんだと思う。

サム　競争心が強くて、一番になりたいんだろうね。

ディラン　名誉のために大金を求めるとは思うけど、それを使いはしないんじゃないかな。

サム　彼が何にお金を使っているのかは分からない。野球以外は何もしていないように見える。スプリングトレーニングで、彼と（通訳の水原）一平が車で来たのはなんとなく覚えているけど、特別な車ではなかったと思う（24年3月、通訳の水原一平は違法賭博に関与した疑いで、ドジャースを解雇された）。ホテルで寝たり、ぶらぶらしたり、ただ息をしている以外で彼が何をしているのかよく分からないということ自体が興味深い。

ディラン　聞いたところによると、オフシーズンの間、日本で3、4回食事に出かけたらしい。あと、母校花巻東高校の野球部に立派なバスを寄付した。

サム　素晴らしいね。それは分かる気がする。あとホームランダービーの参加費を全部エンゼルスのスタッフにあげていたよね。その時、彼はまだ何百万ドルも何千万ドルも年俸で稼いでいるわけではなかった。なのに、それを全部あげてしまった。彼にとっては、お金というのは、自身の成し遂げたことを表すものにすぎないんだろうね。

サム　そうかもね。もう一人くらい、一平を雇ったりとか。

トモヤ　彼はプライバシーを得るのに一番お金を使っているんじゃないかな。人目につかないように行動したり、邪魔されない環境を整えることに。

史上最高の二刀流

トモヤ　ズバリ聞くよ。大谷は世界最高の野球選手だと思う？　僕は議論の余地すらないと思う。チームにもたらす価値、数字、能力、影響力など、どれをとってもナンバーワンだから。

ディラン　間違いない。

サム　そうだね。

ディラン　議論は、史上最高かどうかってところになってくるだろうね。現役選手と比べると、頭が一つも二つも抜けているから。この6年間で、野球が上手くなることだけに集中して、毎日、少しずつ積み上げてきたことで、大きな差が生まれた。

さっきも言ったけど、彼とバリー・ボンズをどう比べたらいいのかは分からない。僕にとってボンズは、これまで見た中で最も偉大で最高の選手。もう機械のようだったから。スランプに陥ることすらなかった。ボンズにとってのスランプとは、ピッチャーが彼と全く勝負せずに、ただ毎打席歩かされている期間のことだった。

サム　個々の面で見れば議論は成り立つ。大谷は現役で最高の打者か？　そうとも言えるし、そうでないとも言える。最高の投手か？　おそらく違うだろうけど、そうなる可能性はあるかもしれない。走塁で一番か？　ホームから一塁までのスピードはそうかもしれないけど、盗塁王が狙えるかは分からない。でも全てを足し合わせると、比較になる選手なんていない。議論の余地すらない。野球選手としての完成度を見たら、同じ次元の選手はいないと思う。歴史を遡ってもいないかもしれないし、これからも出てこないかもしれない。そういう意味で、僕は史上最高の選手だと思う。

トモヤ　これもみんな同じ意見だと思うけど、大谷は二刀流選手としてベーブ・ルースを超えたと思う？

サム　うん。大谷の体のケアに対する意識はすごいものがある。体つきを見てれば分かるよね。ベーブ・ルースは正反対だったという。天性のバッターだったんだろうね。僕は生まれてなかったから分からないけど。ディランは覚えているんじゃない？

ディラン　僕はまだ42歳だよ（笑）。僕もベーブ・ルースより上だと思う。それにベーブ・ルースに関して言えば、人種統合の前だという注意書きも必要になる。黒人選手は参加を許されていなかったから。それも含めて、今とは野球そのものが違いすぎる。サッカーでトータルフットボールが広まる前後のように。

今の時代は、投手が桁違いに速い球を投げる。殿堂入りした昔の選手を連れてきても、打てるかどうか分からない。ベーブ・ルースの社会的な影響力がすごかったことは理解している。野球が今の地位にあるのも、ベーブ・ルースがいたから。それでも、大谷と比べるのは、ペレをメッシと比べるようなもの。ペレの時代のワールドカップの試合を見たら、中盤で歩いてボールを運んでいるんだよ。昔の選手が今の選手より優れているなんて、とても言えないくらいスポーツは進化しているんだ。

トモヤ　これまで大谷を見てきた中で、最も印象に残っているシーンは？　僕は18年の本拠地での3試合連続ホームランかな。スプリングトレーニングの不振であがっていた懐疑的な声を一掃したから。あの時の、エンゼルスタジアムの盛り上がりはポストシーズンのようだった。アメリカでの大谷劇場の幕開けだった。

サム　僕は、エンゼルスを取材し始めた初年度にシアトルで打ったホームランだな。推定飛距離が確か460フィートくらいだったけど、間違いなくそれ以上だった。僕はシアトルにかなり試合を見に行っているし、テレビでも見ているから、上段席の上のセクションまで打球が届くことなんてないって知ってる。それをやっちゃったんだから。

ホームランの後に、スタンドまで確認しに行ったんだ。そこに3人の若い子が座っていて、「まじやばいよ。ここまでボールが飛んでくるなんて知らなかった」と興奮気味に話していた。ボールが向かってきてパニックになったって言ってた。そもそも、上段席には他に誰もいなかったし、買ったチケットとは違う席に座っていたんだと思うよ。自分たちだけでのんびりしたかったんだろうけど、大谷はお構いなしにホームランをぶち込んだ。21年7月のことで、1カ月半か2カ月くらい絶好調が続いていた時だったと思う。このホームランはまさにその象徴だった。

あとは23年6月に本拠地で打った493フィートのホームランもすごかった。大谷のスイングはとにかく力強い。ホームランを狙っているのが明らかなくらい。「当たったらホームランというくらい、できるだけ強くボールを打つ」という思考なんだと思う。それが常に賢明な選択かどうかは分からない。

今年、9回に2点差で負けていて、カウントが3－0になったことがあった。大谷は先頭打者で四球を選んで出塁さえすればいい場面。それでも彼はフルスイングした。確か、その後、注意されたと思う。でもそれくらい、彼は思い切り打つことで頭がいっぱいになるんだと思う。

だからこそ、彼は特別なんだ。500フィートのホームランを打てる可能性があることを分かっているんだろうね。もし僕にもそんな能力があるなら、たぶん毎回狙うだろうから、彼を責めることはできないよ。

ディラン　僕が印象に残っているのは、(23年8月3日に) 先発した大谷が指の痙攣を起こして交代した本拠地でのシアトル戦かな。ポストシーズン争いから脱落しないように粘っていた時期で、8回には打者としてホームランを打って2点にリードを広げたんだ。そしたらクローザーのカルロス・エステベスが崩れて逆転負けを喫した。ひどい負け方だったのに、いつもと変わらない調子で記者の質問に答えたんだ。大谷は日本の記者が無愛想と感じるくらい、いつも淡々と感情を出さずに人ごとのように話すんだけど、その日も全く変わらなかった。「ああ、この男は本物なんだ」と思ったよ。

さっきも言ったけど、彼は気持ちを切り替えるのが抜群にうまい。あとで映像を見たら、ダグアウトで涙を堪《こら》えているようにすら見えたのに、その感情を何らかの形で処理して、僕らと話す時には、もう気持ちを切り替えていた。その日の活躍も含めて感心するしかなかったよ。

僕はいまだに、あれは単なる痙攣じゃなかったと疑っている。ピッチングもいつものような感じではなかったし。本人も何かおかしいと感じていたと思う。それでも、彼は頑張り続ける。それでホームランを打っちゃうんだから。彼の競争心、そして彼がどんな人間なのかを物語っている。

あとは22年の後半戦に見せた圧倒的なピッチングが印象に残っている。それまでは、ピッチングというよりは、ただボールを強く投げている感じに見えていたんだけど、22年の投球を見たら、「今もとんでもないけど、まだまだ成績が良くなる余地があるんだ」と思わされた。22年のようなピッチングと23年のようなバッティングを同時に見せるとかね。

トモヤ　大谷はあとどれくらい二刀流を続けられると思う？　5年後、10年後はどうなっているかな？

ディラン　一般的に、修復した靭帯の寿命は5年くらいと言われている。来年は登板しなかったとして、あと4、5年は持つことになる。その時点では、クローザーになるかもしれないね。僕は彼が40歳までプレーすると思うし、もっと言えば、状態の良い40歳になると思う。彼の体型や体調管理の徹底ぶり、アスリートとしてのタイプからして、多くの人が思っている以上に長くプレーできると思う。二刀流となると、肘の状態次第になるから、たぶん靭帯の寿命の5年くらいじゃないかな。でも、みんなが思っているより、長く活躍すると思うよ。40歳で50本塁打を打つとは言わないけど、30代後半になっても非常に効果的な選手でいると思う。

トモヤ　守備もするようになるかな？

ディラン　やるところを見てみたいな。YouTubeで、彼が甲子園で外野手としてプレーする映像が見られるんだけど、フェンスに当たったボールをすごい速さで返球しているよ。でも二刀流をして守備をするというのは、さすがにやりすぎだとも思う。だから、守備をするかどうかは、いつまでピッチングを続けるかが影響すると思う。ピッチャーをやめたら可能性はあると思う。本当に彼は何でもできるからね。

高校生の時の大谷を見たドジャースのスカウトが、ショートも守れると思うと言っていたらしい。身体能力がずば抜けているアレックス・ロドリゲスのような選手だと。彼の高校の監督もそう言っていた。その時は冗談かと思ったけど、今振り返ると冗談ではなかったと思う。彼の高校の水泳コーチは、大谷が水泳に専念すればオリンピックに出られるとも言っていた。投手として大量のイニングを投げるとかでなければ、本人がやりたければ、何でもできる能力があると思う。だから、ピッチャーをやめたら、外野を守るということは考えられる。

サム　長く二刀流でプレーすることについては、少し懐疑的かな。大谷のベストシーズンはすでに3度見たと思う。今は2度目の靭帯修復から戻ってきたばかりで、受けた手術の内容も分からない。復帰して投げる時には31歳になっているし。不可能ではないだろうけど、以前よりさらに良くなったり、これまでのようなイニング数を投げ続けて、毎日ヒットを打ち続けるというのは想像しづらい。大谷だって人間だから、加齢には勝てない。

ディランの言うように、少しは守備もできると思う。素晴らしい選手ではあり続けるだろうけど、これまで以上の活躍ができるかは疑問。彼自身の考え方やチームの扱いも少しずつ変わっていかなくてはならない。毎日、MVPや殿堂入りやプレーオフを狙って全力でプレーすることはできないと思う。そうした結果は、彼がうまく無理せずにやっていくことでついてくるんじゃないかな。

長くやり続けるためには、歳を重ねるにつれて、変化も大きくしていく必要が出てくる。大谷が40歳までプレーするには、パワーを維持してホームランを打ち続ける必要がある。

簡単ではないと思う。代理人のネズ・バレロは、大谷が来年の開幕日に打者として復帰できると断言していたけど、どうだろうか。

みんな楽観的なことを言うけど、靭帯損傷や23年シーズンの最後に負った斜角筋の怪我は、プレーのしすぎやスイングが力強すぎたからかもしれない。大谷のような選手でさえ、長くプレーするには加齢に適応せざるを得ないのが野球なんだ。

ディラン　その点に関して、22年に規定打席と規定投球回数に達した時、大谷は「到達したのは良いことだけど、毎年それを目指す必要はない」と言っていた。ある程度、妥協することは厭わないんだと思う。あそこまでプレーしたのは、エンゼルスに必要とされていたからだと思う。彼が頑張らなければ、エンゼルスには勝つチャンスすらなかったからね。

ドジャースに入った今は、「君には10月に頑張ってもらう必要がある」と、首脳陣も無理はさせないだろう。そうしたちょっとした違いが選手寿命を伸ばすと思う。

2章　新天地へ

ブルペンでの投球を終え、大谷翔平（左）らとクラブハウスに戻るドジャースの山本由伸＝2024年02月11日、米アリゾナ州グレンデール

2023年12月9日、大谷はロサンゼルス・ドジャースに入団することを発表した。ドジャースを選んだのは、大方の予想通りだったが、現地識者たちが予想していた5億~6億ドルを大きく上回る10年総額7億ドルは、スポーツ大国のアメリカにとっても衝撃的な契約だった。これまで野球界最高だったマイク・トラウトの4億2650万ドルを64パーセントも上回り、サッカーのリオネル・メッシをも超えた。

単に移籍が決まっただけなら、野球界のビッグニュースという扱いにとどまっていただろう。それがプロスポーツ史上でも最高額ということで、ニューヨーク・タイムズなどの有力メディアも速報で「記録的契約」と伝えた。ワールドシリーズ優勝が決まった時くらいしか野球を扱わない米三大ネットワークのひとつNBCの夜の報道番組「Nightly News」も、大谷を「アメリカの国民的娯楽の顔」と称してドジャース入団を報じた（12月14日放送）。

大谷は入団会見で、繰り返し「優勝」への想いを口にした。勝利が最優先なのは契約内容からも明らか。前代未聞の97・1パーセントが後払いになっている。年俸7000万ドルのうち、6800万ドルは10年の契約が終わってから支払われる。契約期間中に大谷が受け取るのは年に200万ドルだけ。残りは2034~43年に支払われる。利子もつかない。インフレなどを考慮して現在価値に換算すると4・6億ドルくらいだという。ドジャースが浮いたお金で戦力を強化できるように大谷自身が提案したそうだ。

「驚き」の移籍

トモヤ　大谷の去就は、23年の最大の話題だった。現役最高と称される選手がどこのチームに行くのかは、メジャーの勢力図を動かす可能性もあったから、野球ファンの誰もが興味津々だった。僕もスポーツ好きに会うたびに、「何か内部情報はないの？」って聞かれてちょっとうんざりしていたくらい。でも、僕が知る限り、誰もそんな情報は持っていなかった。オフシーズンになっても、大谷サイドや球団側からは、ほとんど情報が漏れてこなかった。ＳＮＳでは根拠なき憶測が飛び交っていたけど。

最終的には、本人がインスタグラムでドジャース移籍を発表したんだけど、その前日には、トロント・ブルージェイズを選んだっていう情報がネットで広まって、野球ファンや記者たちが翻弄された。アナハイムからトロントに向かうプライベートジェットの飛行経路をファンが追ったり、菊池雄星がトロントの高級寿司店を貸し切ったなんていう噂がソーシャルメディアに出回ったりして、まさに狂騒劇だった。僕は信頼できる人から、「大谷はまだ決断していない」って聞いていたけど、万が一に備えてパソコンの前に張り付く羽目になったよ。

二人は、大谷のドジャース移籍を知った時、何をしていたか覚えている？

ディラン　正直言って、何をしていたかは覚えていないんだ。でも、発表がいつあってもすぐに配信できるよう、事前に3パターンのコラムを書き上げていた。一つはドジャースに決まった場合、二つ目がエンゼルスに残留した場合、そして三つ目がそれ以外の球団だった場合。個人的には、三つ目がお気に入りだった。明らかに本命と言われていたのに獲得できなかったドジャースをけちょんけちょんにするつもりだった。ドジャースの関係者が日本に行った時に、向こうの球団関係者を怒らせたり、日本人選手との交渉で高慢な態度をとったりしたなんていう話を聞く。だから、スタン・カステン（球団社長）が大谷との交渉の場で興奮して話しすぎて、自分がいかに嫌な人間かを露呈して契約がオジャンになるケースも考えられた。

そういう感じであらかじめコラムを書いて準備しておいたから、いつ発表されるかという心配はなかった。移籍が決まったという速報を書くのは番記者の仕事だしね。だから、決まった時のことは覚えていないんだ。

サム　僕は（全米展開するスーパーマーケットの）ホールフーズで買い物をしていた。午前11時くらいだったかな。果物を食べたくて買いに行っていたんだ。大学時代の友達のグループテキストを見て知ったよ。そのことからも分かるように、大谷の去就を取材する上で大変だったのは、どうやって公表されるのか全く分からなかったことだった。（ESPNの名物記者）ジェフ・パッサンがツイートするのか、それとも（代理人の）ネズがプレスリリースを送るのか？　そもそも球団は僕らが知る前に知らされるのか？

大谷のインスタグラムや入団会見での言い回しは面白かった。「次のチームはドジャースに決めました」なんて言い方は、普通の選手はしないから。普通は交渉で双方が合意したって感じだけど、大谷の場合は、彼が選択肢の中から選んでいるっていう自信があるんだろうなって。実際、その通りなんだけど。

決まるまでも、狂騒というに相応しかった。一人の記者がブルージェイズと契約するなんていう無責任な情報を流した。その24時間くらいは、情報が錯綜する混乱状態だった。結局、いつ発表があるのか？　すぐなのか、それともまだ数週間くらいかかるのか？　オフシーズンの行方も大谷の決断次第なところがあった。大谷の去就が決まるまでは、他球団も動きづらくて、他の選手の契約が決まらないという。

試合後、ハイタッチするエンゼルスの大谷翔平（右）とトラウト＝2023年04月02日、米カリフォルニア州オークランド

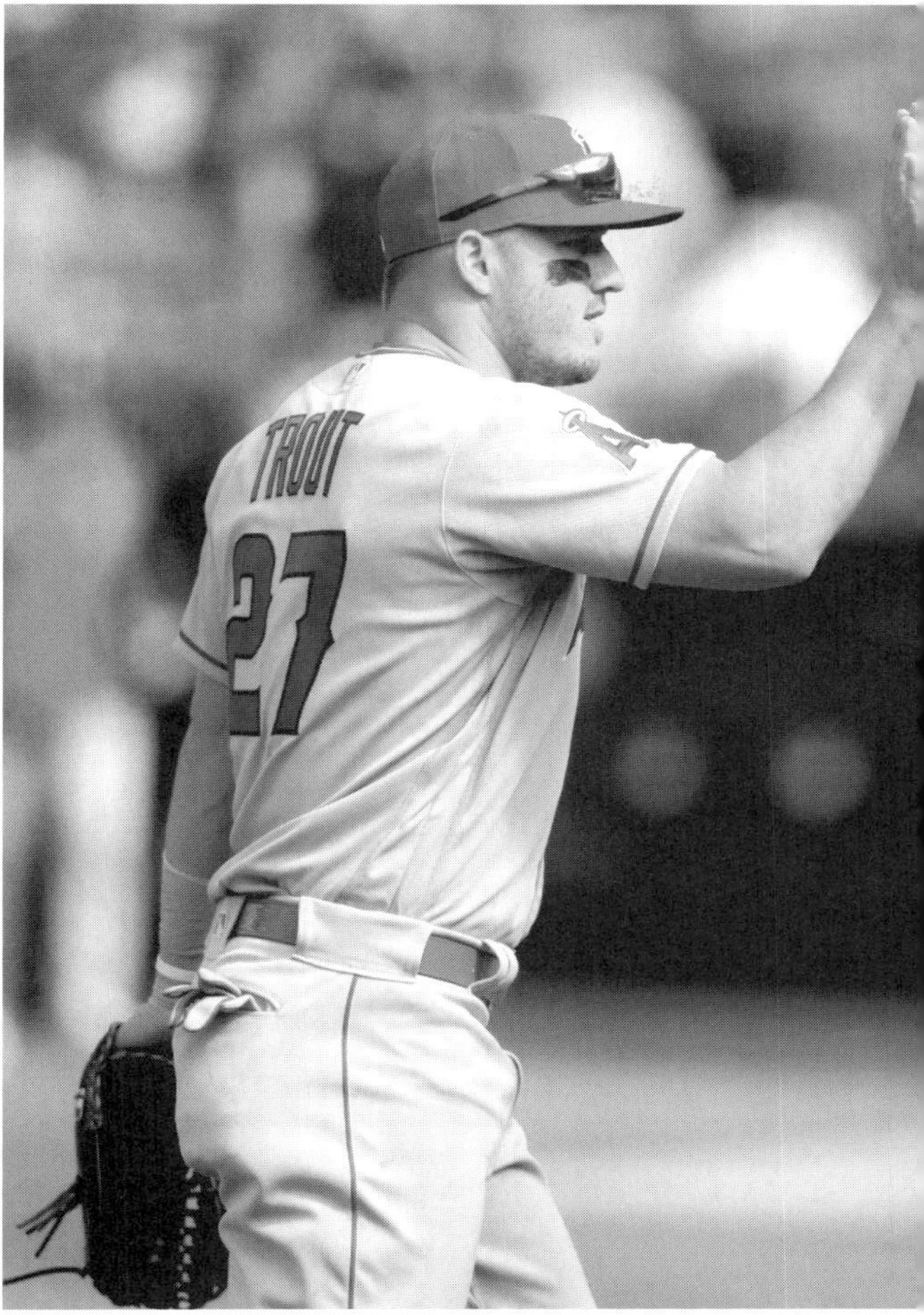
TROUT
27

大谷がインスタグラムの発表で使った写真が、解像度の低いドジャースのロゴだったのも可笑《おか》しかったな。7億ドル（約1000億円）の契約の話をしているのに、グーグル検索で出てきたロゴをスクリーンショット撮影しただけのような画像を載せるんだから。色々な意味で、話題になる要素が満載だった。

トモヤ　本命と言われていたドジャースなだけに驚きはなかった？

ディラン　驚いた部分もあるけど、全く驚かない部分もあった。ドジャースは、大谷の求めていた多くの条件を満たしている。特に毎年プレーオフに出たいっていう。

でも、大谷はキャリアを通して、人が予期しない道を選び続けてきた。「左に行け！」と言われたら右に行く。だから、みんなが選ぶだろうと言っていた球団を選んだのは驚きだった。

サム　契約内容に衝撃はあったけど、ドジャースを選んだことに驚きはなかった。理に叶《かな》いすぎている選択だから。もし獲得できていなかったら、ディランがコラムで批判して当然だったと思う。

ドジャースがこの数年のプレーオフで不甲斐《ふがい》ない結果に終わったのは、大谷を獲得する上では幸いしたかもしれない。いかに大谷を必要としているかを示すことになったから。

大谷は必要とされる場で力を発揮するタイプ。

驚いたのは、ドジャースと合意する前に、大谷サイドがエンゼルスのところに行って、ドジャースの提示額に合わせるか、もしくはそれを超える額を提示する気があるかを尋ねたことだね。結局、エンゼルスは断ったけど。

個人的には、エンゼルスに残留する可能性は低いと思っていた。でもエンゼルスが大谷サイドの要望に応えていたら、チャンスはあったかもしれない。色々な面で、大谷という選手は予想しづらいところがあるのは分かっている。だから、ブルージェイズを選んでいたとしても、驚きはなかったと思う。

ドジャースは、大谷にワールドシリーズ優勝を狙うチャンスを「保証」してくれる。他にも大谷がドジャースを選ぶべき理由はいくつもあるけど。契約についても納得がいく。両サイドにとって良い内容だと思う。

ディラン　大谷はもっともらうべきだよ。現役中に年200万ドルしか受けとらないのは、低すぎる。お金の価値は時間とともに低下するしね。

文化の違いもあるかもしれない。この国で育ったら、グーグルのような大企業が社会に与える悪影響を目の当たりにする。メディア業界も、そういう大企業にめちゃくちゃにされた。だから、（アメリカ人選手なら）たとえお金がいらなくても、そういう連中に白紙の小切手を渡すくらいなら、慈善事業にでも寄付しようって気になる。

（ドジャースを所有する投資会社の）グッゲンハイムは、宝くじを当てたみたいな気になったんだろうな。そして、それで得た金を、1週間に一度以上投げたことのない小さな投手（山本由伸）や健康でいられたことのない投手（タイラー・グラスノー）に無鉄砲につぎ込んだ。通常なら彼らが絶対にやらないことだけど、自分たちの金じゃないとなった途端に、「とことん使うぞ」ってなった。

サム　でも大谷はこの6年間、絶対にこんなふうには補強しない球団にいた。彼は勝利に飢えている。他のことはどうでもいいんだと思う。適切な例かは分からないけど、元首相の安倍晋三が銃撃された時に、大谷にそのことは質問しないように言われたのを覚えている。彼は野球以外で起きていることから自らを遮断しようとしているんだと思う。

ディラン　それはそうだね。サッカーのワールドカップで日本代表のキャプテンを務めた吉田麻也が、ロサンゼルス・ギャラクシーに移籍して、エンゼルスの試合で始球式を務めた時、大谷の側を通りすぎても、大谷は見向きもしなかった。別に無視したんじゃないと思う。単に吉田が誰なのか、よく知らなかっただけなんだと思う。

サム　彼の世界には野球しかないんだろうね。大企業や政治がどうたらこうたらとか、自分の懐事情にとってどちらが正しいかなんてことは全く気にしていない。今回の移籍でどれくらいのお金を稼ぐかってことも。

だからこそエンゼルスがドジャースの契約額に合わせようとしなかったのは衝撃だった。10年間はほとんど給料を払わなくていいことを考えれば、球団にとっても悪くない契約なのに。まあ、77歳のアーティ・モレノが10年後もエンゼルスを所有しているか分からないけどね。

ディラン　今回のことで、（モレノが）10年後もエンゼルスのオーナーであり続けるつもりだというのが分かったと思う。オーナーになるような連中は、「自分は死なない」と思っているんだ。球団オーナーたちに、後継者についての計画がどうなっているのか質問してきたけど、信じられないくらいの数のオーナーが、計画は立てていないと答えるんだ。自分たちがいない世界なんて想像できないんだろうね。

サム　いずれにせよ、大谷はこれからの10年で勝ち続けるのに最適な契約内容にした。（経営のトップにいる）アンドリュー・フリードマン（編成本部長）とマーク・ウォルター（オーナー）がいなくなった場合は、自分から契約を破棄できる条件を盛り込んだことからも明らか。

それと、大谷を取り巻く状況も、エンゼルスにいた時とは一気に変わった。ラムズ（ロサンゼルスを本拠地にするNFLチーム）の試合を観戦したり、ロサンゼルスの寿司屋に行った写真が出回ったり。ロサンゼルスという大都市のスーパースターになったことを受け入れたかのよう。7億ドルという契約を結んだことの意味を理解しているのかもしれない。エンゼルスにいた時は、自宅と球場の往復だけで、公の場に姿をほとんど見せなかった。変わったなと思うよ。

全ては勝つため

トモヤ　大谷はワールドシリーズで優勝することを最優先にドジャースを選んだと入団会見で言っていた。「勝つ」という点では、ドジャースは最適の選択だったと思う？

ディラン　24年に優勝するってだけなら、23年に優勝したレンジャーズも強いし、総合的な戦力ではブレーブスが一番かもしれない。でも戦力が一番のチームが優勝するとは限らない。だからプレーオフに出続けるってことが大事になる。ドジャースは11年連続でプレーオフに進出していて、その間に地区優勝を10回も達成している。ブレーブスに関して言えば、同地区のメッツやフィリーズも強くなっていて、5年後の勢力図がどうなっているかは不透明。ドジャースは、アンドリュー・フリードマンがいる限りは、毎年10月に野球をしていると考えて間違いない。

サム　僕も最適な選択だったと思う。優勝の可能性があるチームはいくらでもある。野球は移り変わりの激しいスポーツだから。ダイヤモンドバックスやレンジャーズがワールドシリーズに進出するなんて誰も思っていなかった。明らかに戦力的に強いチームが期待された通りに優勝することの方が稀《まれ》。でも彼の給料を払えるチームの中では、最も優勝する可能性が高いチームの一つだと思う。ブルージェイズに行っていても、同じように感じていたかな。ちょっとは投手陣は劣るけど。

トモヤ　契約内容について投手陣はどう思う?

ディラン　あれだけ後払いにするのは異常だよね。僕らの知らない舞台裏で何か起きているんじゃないかと勘繰ってしまうくらい。でも大谷の言葉を信じるなら、勝利への欲望の表れ。ドジャースを所有する投資会社のグッゲンハイムにとっては、資金繰りの面で助かるだけじゃなくて、大谷が浮かしてくれたお金を運用できる。それによって球団は10億ドルを儲けられるという試算もあるくらい。大谷としては、そのお金を補強に再投資しても

WBC決勝の米国戦で投げる大谷翔平＝2023年03月21日、米フロリダ州マイアミ

USA
USA
OLO
USA
WORLD
BASEBALL
CLASSIC
Continental

らいたいと思っていて、ドジャースも実際そうしている。
　球団側にとっては、なんのデメリットもない夢のような契約だよ。大谷は実質、給与ゼロでプレーしてくれるんだから。世界一の選手がだよ。球団側がこんな条件を提示するなんてあり得ないから、大谷陣営が提示したというのは本当だろうな。

サム　ディランのいう通り、大谷にとっての方がリスクが高い契約だろうね。10年後にお金の価値がどうなっているかは分からないから。大谷が現役中に受け取る年俸が、(控え捕手の）オースティン・バーンズより低いなんて、普通ではあり得ない。大谷の勝利に対する気持ちには敬意を表するよ。口だけじゃなくて、自分のお金で証明しているんだから。「そのお金は山本のような選手を獲得するのに使っていいよ」って。僕は口先だけの決まり文句が大嫌いだから、大谷のように行動で示す人は評価したい。これまでも大谷は勝利にこだわっている姿を見せてきた。肘の靭帯を損傷したのが判明したその日に、試合に戻ってきたんだから。

トモヤ　ディランは、大谷のドジャース移籍は野球界にとっての「勝利」だとコラムに書いたよね。

ディラン　ああ。野球というのは、アメリカでは「地域スポーツ」。選手やチームは、地元では人気があるけど、それ以外ではあまり知られていない。全米のファンが一斉に注目するのは、プレーオフの行われる10月だけ。大谷が活躍したこの3年間、野球界は最高の才能を全米にお披露目できていなかった。大谷が、毎年ポストシーズンに進出するドジャースに移籍したことで、最大のスターが最大の舞台でプレーすることになり、その結果、スポーツ全体の人気を高めることになる。

トモヤ　僕もコラムで同じようなことを書いた。最近のメジャーリーグには、野球に興味のない人を惹《ひ》きつけられる真のスターがいないと言われてきた。その穴を埋めてファン層拡大に貢献できるのは、大谷だとMLB関係者は期待している。そのためには、どうしても大谷にワールドシリーズで優勝してもらいたい。ディランがいうように、全米のメディアやファンが一斉に野球に注目するのは、ほぼポストシーズンに限られるから。

　ドジャースは13年から毎年メジャー1位の観客動員数を誇る米スポーツ界屈指の人気チーム。23年の本拠地での平均観客数は、エンゼルスタジアムの最大収容人数よりも多い4万7371人だった。同じロサンゼルスを名乗りながらも、実際には郊外にあるエンゼルスとは、メディアの注目度やブランド力も比べ物にならないくらい高い。関西で阪神タイガースがオリックス・バファローズを人気で圧倒しているのに近い。そのドジャースを二刀流で優勝に導けば、大谷人気は野球の枠を超えて広がって、米国内で薄れていると言われる野球への関心も高まると思う。

サム 確かにMLBのスタッフは喜んでいると思う。実際、つい最近発表された、(ESPNで)日曜夜に全米放送される試合のスケジュールでは、ドジャースが隔週くらいで登場することになっている。だからお金の計算ばかりしている人には「勝利」かもしれない。でも、野球ファンにとって、ということになると分からないな。

大谷は、所属するチームを超越した存在だと思う。ロイヤルズやレッズやパイレーツでプレーしたとしても、同じようにアメリカ人やそれ以外のファンから絶大な人気を得ると思う。どこでプレーしているかは関係ない。

ただし、ドジャース移籍で彼を目にする人の数が増えるのは間違いない。彼がプレーオフに出るのは野球にとって良いことだと思う。マイク・トラウトがプレーオフでプレーするのを見たいというのと同じように、みんな大谷翔平をプレーオフで見たい。二人をWBCで見て興奮したのは、大きなものがかかっている試合だったから。大谷は、まだメジャーに来てから意味のある試合でプレーしたことがない。だからみんな大舞台で彼がどうなるのか見たい。

クレイトン・カーショーのように、プレーオフでダメになるのか？　それともデービッド・オルティスのように、いつも特大ホームランを打っているイメージを植え付けるような活躍をするのか？　重要な場面で彼がどんなプレーや人間性を見せるのか、そこをみんな知りたいと思っているはず。だから、どのチームでやっていようと、大谷がプレーオフに出られることは野球にとってプラスになる。

LAの盛り上がり

トモヤ　僕がさっき話したロサンゼルスでのドジャースとエンゼルスの人気の差について、二人の印象も教えてくれる？

ディラン　東京での読売ジャイアンツとヤクルト・スワローズの関係に似ている。ジャイアンツがメインの存在で、スワローズが2番手みたいな。ドジャースとエンゼルスでは、地理的な差もある。ドジャースはロサンゼルス市内にあるのに対して、エンゼルスはロサンゼルス市内から1時間くらい離れたアナハイム市にある。南カリフォルニアで一番人気の野球チームはドジャースで、エンゼルスがその陰に隠れているのは間違いない。

サム　エンゼルスはロサンゼルスと名乗るべきじゃないよ。エンゼルスには、熱心で幅広いファンがちゃんとついている。エンゼルスはドジャースやメッツ、ヤンキース、レッドソックスと並ぶ市場規模があると、個人的には思っている。30億ドル以上で売却されるという話もあったんだから。スティーブ・コーエンが大都市ニューヨークにあるメッツを買った時よりも6億ドル以上も高い値段でだよ。

でも、そういう大きい市場のチームとして運営できていないから、ドジャースの弟分のように扱われてしまうんだと思う。(ロサンゼルス市を含む) ロサンゼルス郡にすら入っていないんだから、ロサンゼルスを名乗る理由なんてない。エンゼルスの試合を見に行くのは、ロサンゼルス郡ではなくて、オレンジ郡の住民なんだよ。オレンジ郡のファンは素晴らしいし、球場の雰囲気もいい。アナハイム・エンゼルスとかオレンジカウンティ・エンゼルスと名乗らない理由がない。ロサンゼルスには、すでにそこに住む人が応援する確固たるチームが存在するのに。オレンジ郡に住んでいるからエンゼルスファンになったという人への侮辱だと思う。オレンジ郡に住む人の誇りを考えるべきで、それを反映した名前にすべきだよ。

単にオーナーのアーティ・モレノが自分のエゴを満たすためにロサンゼルスと名乗っているんだろうね。「ロサンゼルス」のチームを所有したいという。ブランド力や収益が上がると考えているのかもしれないけど、上がっていない可能性もある。人々を混乱させているだけかもしれない。

確かにドジャースの人気はすごい。でも、それは単にドジャースがロサンゼルス市内にあるからではない。ドジャースは、地元の色々なコミュニティーと良い関係を築いている。特にヒスパニックのコミュニティーとは強い関係がある。ドジャースの試合はスペイン語でも放送されているけど、エンゼルスの試合はスペイン語では聞けない。新たなファン層を開拓する上では大きな差となってくる。ドジャースは、日系人を含めた様々なコミュニティーとつながるためのヘリテージナイトをいくつも主催している。ロサンゼルスが多様な文化のるつぼであることを理解しているからだと思う。

ドジャースはより多くのファンを獲得するように運営されていて、それが成功しているからファン層の基盤も大きいんだと思う。エンゼルスもドジャースのような人気球団になるのは十分に可能だと思うけど、そのチャンスを全部潰してしまっている。

トモヤ　大谷がドジャースに入ったことで、ロサンゼルスの街は盛り上がっているよね。ドジャースのファンは、「これで優勝は間違いない！」って思っているし、野球に興味がなくても、ニュースで「7億ドルの野球選手」と報じられているのを見て知った住民も多い。

大谷のドジャース移籍が発表された後に、息子の小学校の職員の女性と世間話をしていたら、「野球には全く興味がないけど、ドジャースに入ったアジア人選手が7億ドルもらうってニュースで聞いた。それほどのスターなら試合を見に行ってみたい」って言っていたよ。

ディラン　ドジャースファンだけじゃなくて、スポーツ好きみんなが盛り上がっている。（1996年にロサンゼルス・レイカーズに移籍した）NBAのシャキール・オニール以来となるくらい、ロサンゼルスは大きく盛り上がっていると思う。シャック（オニールのニックネーム）はロサンゼルスのスポーツ勢力図を変えた。シャックが入るまでは、ドジャースが地元で一番人気のスポーツチームだった。それがシャックとコービー・ブライアントがレイカーズを優勝に導いたことで変わった。

（今のレイカーズのスターである）レブロン・ジェームズの影響力は、シャックや大谷ほどじゃないと思う。だから、大谷はドジャースを、スポーツチームがひしめくロサンゼルスで一番の人気チームに返り咲かせる気がする。

トモヤ　ただし、心配の声も上がっているよね。地元ファンからは、チケットの値段や球場での駐車代や飲食代が上がるのではないかって。他球団のファンからは、大谷の給料の後払いの仕組みであまりにドジャースが強くなりすぎて、「competitive balance（競争的均衡。全てのチームが勝利するために公平なチャンスがあること）」が崩れるっていう批判も出ている。

サム　どうなんだろうね。ツイッター（現X）でそういう声は目にしたけど。選手補強に大金を使ったからって、チケットとかの値段を上げたら、観客が減るリスクもあるし。値段を上げる必要があるほどドジャースは財政的に困っているのだろうか？

でも値段を上げても客が来ると感じているのであれば、上げるだろうね。僕が経営者なら、客が払ってくれる限り値段を上げるだろうし。大谷と山本とグラスノーが加わって、あまりに良い選手が揃っているから、ファンももう少しお金を払っても構わないと思っているかもしれないから、もう少し値段を上げることはできるかもね。

競争的均衡については、もうすでに不均衡だと思う。ドジャースのような球団は、ロイヤルズやレイズの総年俸よりも高いお金を一人のスーパースターに払うことができる。でもそれが野球を面白くしている面もある。色々なチームが、それぞれのやり方で勝とうとしている。そんなにお金を使わないダイヤモンドバックスのようなチームでも、ドジャースに勝てる。実際、ダイヤモンドバックスの方が強いと思うし。それが野球の魅力。だから、ルールの範囲内で何をしようと僕は構わない。給料の支払いを先延ばしにしたいというなら、それは球団の権利として認められている。

決められたルールの中で、いかに勝利数を増やすか。全くお金を使わないチームもあれば、給料を後払いにするチームもあるし、メッツのように、贅沢税《ぜいたくぜい》を気にせず、総年俸に4億ドルを費やすチームもある。みんなが違う戦い方をするからこそ、見ていて楽しいんだと思う。

ディラン　選手の給料が上がったからチケット代が上がるというのは間違っている。チケット代が上がって収入が増えるから、選手にも高い給料を払えるようになるというのが正しい。オーナーたちもバカではなくて、そしてケチだから、大谷に7億ドル払うということは、彼にその2倍の価値があると分かっている。

競争的均衡についてだけど、今回の件は、ドジャースが目論《もくろ》んだことではない。すごい話だけど、大谷が「僕に給料を払う必要はない」って言ったんだ。「僕以外の選手に、そのお金を使ってくれ」って。他のチームがやったっていいんだよ。そうしてくれる選手がいるかどうかの問題なだけで。

トモヤ　今回の大谷のように、チームの勝利を重視したような契約を結ぶことは、アメリカのスポーツ界ではどれくらいユニークなことだと思う？

ディラン　度合いの問題だな。NFLのトム・ブレイディは、いつも（所属する）ニューイングランド・ペイトリオッツが他の選手も補強できるようにチームに有利な契約を結んでいた。NBAのカワイ・レナードは、ポール・ジョージやジェームズ・ハーデンを引き止められるように、自身が得られた最高額よりも多分5000万ドルくらい低い額でロサンゼルス・クリッパーズと契約延長を結んだ。だから、選手がチームの勝利のために自身の契約額を抑えるのは珍しくない。

大谷のケースがユニークなのは、野球が最も人気なスポーツである裕福な国（日本）のスーパースターであるということ。それによって4000万～5000万ドルくらいと言われる個人のスポンサー収入を得て、他の選手にはない経済的な力を持っている。だから、現役中はほぼ給料を貰わないという選択ができる。年俸7000万ドルのうち6800万ドルを後払いにするなんて、普通ならあり得ないからね。

サム　確かに度合いの問題だね。

あまりに後払いの額が大きすぎて他のチームにフェアじゃないっていう人もいるけど、

ルールを破っているわけじゃない。もし気に入らないのなら、労使協定の内容について再交渉する必要がある。

ニューヨーク・メッツでプレーしたボビー・ボニーヤも引退後に、毎年7月1日にメッツから100万ドルくらいもらっている。だから7月1日は、「ボビー・ボニーヤの日」としてメッツファンに知られていて、それはあと10年以上も続く。10年後に大谷が毎年6800万ドルを受け取るようになって、人々がどう感じるんだろうって考えるよ。後払い自体は別に珍しいことではないけど、ほぼ全額を引退後にっていうのはユニーク。

ドジャース黄金時代の到来か?

トモヤ 大谷の入団でドジャースが戦力アップしたのは間違いない。打線の上位にはムーキー・ベッツ、大谷、フレディー・フリーマンというMVP受賞経験のある三人が並ぶと予想される。課題と言われていた先発投手陣については、大谷は来季はピッチングはできないけど、山本とグラスノーの加入でかなり強力になったと思う。僕はブレーブスと並ぶ優勝候補かなと思う。

サム 確かに揃っている選手だけを見れば、優勝候補筆頭だろうね。僕がダイヤモンドバックスの名前を挙げたのは、ワールドシリーズに出た戦力に加えて、オフシーズンに良い補強をしたから。チームの中心を担う若手選手が、まだ成長過程にあるのも大きい。まだメジャーでほとんどプレーしていないジョーダン・ローラーも、主力の一人になると思う。若手を育てることで勝てるチームになった。

ドジャースもずっと若手を育てることで勝ってきた。それに加えて、お金を使って補強するようにもなった。先発投手陣も名前だけ見れば、かなり充実している。特に25年、投手・大谷が復帰してエースとして22年のような活躍ができれば、ドジャースは間違いなく優勝候補だね。

でも野球というのは不思議なスポーツで、思った通りにいくとは限らない。120勝できるかもしれないし、うまくいかなければ85勝しかできないかもしれない。ダイヤモンドバックスをドジャースより上に挙げたのは、不安要素が一番少ないから。昨年と同じような結果を残せる状況が一番整っていると思う。

ディラン　優勝候補かどうかは、難しい質問だな。打線がすごいのは間違いないけど、先発投手陣には不安が残る。中4日となる登板で山本が日本でしていたような活躍ができるかは分からないし、グラスノーは怪我ばかりで、少ないイニング数しか投げたことがない。

ウォーカー・ビューラーは2度目のトミー・ジョン手術からの復帰になる。ボビー・ミラーは、弱いチーム相手に成績は残したけど、プレーオフでは頼れる球種の少なさを露呈した。レギュラーシーズンでは、問題にならないと思う。打線があまりに強力だし、層も厚いから。でも、10月に強いチームだけを相手に勝ち抜いていくのは全く別の戦いで、そのための戦力が十分かは、まだ分からない。

トモヤ　山本由伸は、大谷に次ぐFA市場の目玉で2億ドル以上の契約になるだろうとは言われていたけど、なんと総額3・25億ドルでドジャースが獲得した。フルタイムの投手（つまり大谷は除く）の契約としては史上最高額。これには驚いた?

サム　彼は3・25億ドルの投手ではないかもしれないけど、それが市場での価値だということ。誰が争奪戦に参加していたかを考えてみて。ドジャースにヤンキースにメッツといった、金に糸目をつけないチームだよ。FA市場について合理的に考えることはできない。「FA選手に、その価値に見合った額を提示したら獲得なんかできない」と言われている。いくらであろうと、払う球団があれば、それが価値になるんだから。

メッツも山本に同額を提示していた。それでもドジャースを選んだってことは、ドジャースに行きたかったんだろうね。大谷と一緒にプレーしたかったとか、ロサンゼルスに行きたかったとか。

ディラン　僕は驚いたよ。メジャーで投げたことがない選手だからね。メジャーに来た日本人投手はみんな、メジャーで投げる難しさは、レベルが高いということよりも、肉体への負担にあると言う。レギュラーシーズンは162試合で、日本の143試合よりも多い。日本では毎週休養日があるけど、メジャーにはない。先発投手は、日本では1週間に一度しか登板しないけど、こっちでは5日に一度。それに山本は身長178センチとメジャーではかなり体が小さいのも、メジャーの負担量に耐えられるか心配な理由ではある。それなりに活躍するとは思うけど、3・25億ドルに相応しいエースになれるかは分からないな。

トモヤ　ドジャースは、大谷と山本とグラスノーの三人に11億ドルものお金を費やしている。これは何がなんでも勝つという決意の表れだと見ていいのかな？

サム　もうプレーオフで辛酸をなめるのはこりごりだっていうことだろうね。21年はブレーブスに負けて、22年はパドレスに負けて、23年はダイヤモンドバックスに3連敗。レギュラーシーズンの成績を考えれば、ワールドシリーズで優勝すべきチームなのに。

多くの人がプレーオフは運任せだと思っているようだけど、僕は「最強同士の争い」だというふうに見ている。どのチームも戦力を温存などせずフル稼働させる。そういう中での最強を決める戦いなんだ。ドジャースは、そうした中で勝てる投手陣や野手陣が整っていなかった。あまりに早くプレーオフ進出を決めすぎて、意味のある試合をしていない期間が長くなって、力を発揮できなくなっていたのもあるかもしれない。

大金を費やして補強しているのは、そうした状況から抜け出すんだという決意の表れだと思う。地区優勝はもはや当然のこと。ワールドシリーズ優勝以外は、もはや失敗と見なされる。

ディラン　これはドジャースというより大谷の決意を表していると思う。大谷が後払い契約によってドジャースに金を渡して、それを球団が山本やグラスノーに投資しているだけ。ドジャースは大谷を獲得していなければ、山本もグラスノーも獲得していないと僕は思っている。すごく残念なオフシーズンになっていたと思う。ここ最近のドジャースは、補強にそこまでお金を使っていなかった。何がそれを変えたのか？　大谷の獲得と、巨額の後払い契約だよ。

24年の成績予想

トモヤ　大谷は肘のリハビリで、24年は打者に専念する。野球選手の最盛期と言われる29、

30歳のシーズンということもあって、今年は打撃で自身最高の成績を残せると思う？

ディラン　分からないな。移籍したことで、これまで対戦したことのない投手を相手にする場面も増えるから。でも、大谷は毎年のように、何らかの成長を見せてきた。投手として大きく飛躍した年もあれば、打者として大きく飛躍した年もある。

今年は打者に専念するということで、自己最高の成績を残すこともあり得ると思う。シーズン中盤くらいに調子が上がって大活躍する期間があるんじゃないかな。でも開幕後はスロースタートでも驚かない。怪我から復帰して、しかも新しいリーグに慣れるまでの時間があるから。これまで以上の成績になるかは分からないけど、これまでと変わらない活躍はすると思う。

サム　25年に投手として復帰しようとリハビリをしているわけだから、打撃以外にもやらなきゃいけないことや考えることは多い。

それに、昨年の打撃が素晴らしすぎたから、それ以上の数字を叩き出すというのは、かなり難しいと思う。ＯＰＳ＋[*1]が１８４（メジャー1位）って、平均的な打者の2倍近くの打撃力ってことだよ。シーズンを通して健康な状態でいられれば、50本塁打に到達できるのか楽しみだね。23年も脇腹を怪我するまでは、そのペースだったし。無理してでも試合

５回表エンゼルス無死、大谷翔平は23年シーズン初となる本塁打を放つ
＝2023年04月02日、米カリフォルニア州オークランド

に出場し続けようとしていた理由の一つだったと思う。

トモヤ　ロサンゼルス・タイムズによるオンラインのアンケートでは、85パーセントが大谷の大型契約を好意的に見ている。（現地記者に成績予想をさせる）日本の記者っぽい質問になるけど、これだけ高い期待に応えるには、最悪でもどれくらいの成績を残す必要があると思う？

サム　ロサンゼルス・タイムズは信頼できないからな（笑）。冗談、冗談。確かに日本の記者がする質問だね。ホームラン40本は打ちたいところ。ドジャースはMVP級やオールスター級の打者が揃っているから打点は増えると思う。メジャーリーグとトリプルA（二軍）の間くらいのエンゼルス打線とは違う。

　ドジャースでは、大谷の前に誰かが出塁する可能性は高くなる。それに投手は大谷との勝負を避けづらくなる。後ろに強打者のフレディー・フリーマンやウィル・スミスが続くだろうからね。だから、もし怪我をせずに終えたら、40本塁打、120打点は期待できる。OPS[*2]は1.000くらいかな。かなり高い基準だけど、大谷はそれくらいすごい打者ってことだよ。新しいファンの前で、いいところを見せたいっていうモチベーションもあるだろうし。

気になるのは盗塁数がどうなるのか。特に23年は、エンゼルスは大谷に盗塁をしてほしくなさそうだった。怪我につながるから。ドジャースがどういう方針かは分からないけど、25〜30くらいに盗塁数を増やせるかには注目している。

ディラン　必ずしも個人で良い数字を残す必要はないかもしれない。ホームラン30本でも、チームが勝っていればファンは満足するはず。ファンはサヨナラホームランのような特別な瞬間というのを大事にする。（2021年7月2日のオリオールズ戦で）大谷が間一髪のスライディングでサヨナラのホームインをしたことがあったよね。地面を転がりながらガッツポーズをした。そういう劇的な場面がファンを虜《とりこ》にするんだ。そして、ファンが最もそ

＊1　OPS＋（オーピーエス・プラス）　OPSを進化させた打撃指標。選手のOPSをリーグ平均と比較し、球場の違いなどを加味した上で、100を基準として示す。例えば、OPS＋が120であれば、平均的な打者よりも20％優れていると解釈できる。逆に80であれば、20％下回っている。

＊2　OPS（オーピーエス）　On-base Plus Sluggingの略。出塁率に長打率を足し合わせた数値。チームの得点力と高い相関関係にあり、打撃力のわかりやすい物差しとして用いられている。年によっても変わるが、大雑把に言うと.700〜.750が平均、.800以上はオールスター候補、.900以上でMVP候補、1.000を超えたら、メジャーで五指に入る強打者。

ういう気持ちになるのがプレーオフ。別にレギュラーシーズンで、すごい数字を残せというプレッシャーは少ないと思う。

大谷とベッツとフリーマンが同時にスランプになる可能性は低い。そのうちの一人が打てば、コロラド・ロッキーズのような弱い相手を倒すのには十分。打率．280〜．290、35本塁打、100打点くらい残せば十分じゃないかな。記憶に残るような場面があって、ポストシーズンで勝てれば。結局はどんな10月になるかにかかってくるよ。プレーオフの大事な場面で活躍できるのかどうか。

極端なことを言えば、何かが起きて最初の4、5カ月を欠場することになっても、9月に戻ってきてワールドシリーズ優勝に貢献できればファンは気にしないと思う。

トモヤ　ちなみに、FanGraphsに載っている過去の統計から導いた大谷のいくつかの成績予想では、打率．259〜．293、出塁率．359〜．394、長打率．545〜．598、OPS．905〜．992、38〜40本塁打、99〜129打点となっている。23年や21年に比べると落ちるけど、それでもメジャーでトップ5に入るという予想だね。

期待値の高さと、エンゼルスに比べて寛容とはいえないドジャースファンの気質は、大谷にとって問題になると思う？

ディラン　全く問題ないと思う。WBCでの活躍がそれを証明している。おそらくどの国よりもWBCに熱心な日本の期待を一身に背負って戦って、その期待を超えるような結果を残すんだから。大谷は、マイケル・ジョーダンやタイガー・ウッズのように、舞台が大きくなればなるほど力を発揮するタイプ。むしろ重圧をバネにして、これまで以上の活躍を見せるんじゃないかとすら思っている。

サム　エンゼルスのファンは寛容ではないよ。いつも怒っているだけ（笑）。それはそうとして、ドジャースのファンは、彼が来てくれて本当に喜んでいる。世界一のスーパースターが来てくれたんだから。かなり好意的だと思う。本当に成績が落ち込むようなことがあれば、文句をいうファンも出てくるかもしれないけど、大谷に対して多くのファンが怒るような状況というのは考えづらいな。そもそも、そこまで大谷やチームの成績が悪くなる可能性が低い。

気づいていない人もいるかもしれないけど、大谷は結構な不振に陥ることがある。MVPを受賞した21年でも、最後の2カ月は打者として酷かった。昨年も、投手として苦しむことがあった。打撃も出だしはイマイチだったし。それがより多くの人が注目する中で起きた時に、どう対処するのかは気になるね。特に出だしでつまずいたら良くないかも。

でも野球ファンとは、かなり好意的な関係を築いてきたから、辛抱強く見守ってもらえると思う。ユニフォームを着ているのを見ているだけで満足すると思う。3、4カ月間も不振が続いたり、来年もピッチングができないなんてことになれば、ファンの不満が溜まるかもしれないけど、今のところそういうふうになる可能性は低いよ。

大谷のリーダーシップ

トモヤ　7億ドルという大型契約を結んで、誰もが認める球界の顔となったことで、大谷は以前よりもリーダーシップを発揮するかな?

ディラン　ある意味、もうすでに発揮したのかもしれない。選手を勧誘するという点で。山本が入団会見で「憧れるのはやめなければ」とか、大谷と同じ発言を繰り返しているのが本当に印象的だった。大谷が山本に与える影響は、かなり大きいと思うよ。

でも言葉の壁はある。大谷がWBC決勝戦前にチームメイトたちにしたスピーチは、単刀直入でシンプルだけど深かった。残念だけど、大谷が英語であのスピーチをすることはできないかもしれない。

ドジャースは、どちらかというと行動で示すタイプのリーダーが多い。ムーキー・ベッツとかフレディー・フリーマンとか。だからジェイソン・ヘイワードを獲得した。チームをまとめるリーダーが必要だったから。大谷がそういうリーダーになる姿は想像できない。言葉の壁は現実にあるから難しいと思う。

サム　僕も大谷が声を上げるタイプのリーダーだとは見ていない。チームメイトとは仲が良くて、みんなも彼のことは良いチームメイトだと言っている。でも、（23年の肘の手術の直前に）試合の途中で突然姿を消して、チームメイトが代わりに何が起きたのかを記者に説明せざるを得ない状況を作るとか、リーダーにふさわしくないような行動をとることもあった。

でもディランが言うように、大谷は選手を勧誘したり、給料を後払いにしたりして、強いチームを作る手助けをしている。だから、これまでよりも少し積極的に、彼なりの方法でリーダーシップを発揮しているのかもしれない。

トモヤ　僕も言葉の壁は大きいと思う。その分、行動で若手を引っ張る姿勢を見せる必要がある。これまでのように、調子がいい時も悪い時もポジティブな態度を崩さず、常に全力でプレーしていれば、自然と周りも感化されると思う。エンゼルスでのチームメイトも、特に若手は大谷の準備やトレーニングに対する姿勢に感化されていたから。

メジャーリーグのリーダーにはどんな資質が求められると思う？

ディラン　どんな時でも頼れる存在でいなければならない。そのために言葉も重要になってくる。プロスポーツには、常にメディアやファンからの様々な意見や批判が取り巻いている。選手は、「記事とかは読んでいない」なんて言うけど、絶対に目にしている。たとえ、読んでいなかったとしても、何らかの形で伝わる。負け続きのチームが、そこから抜け出せない理由でもある。23年のプレーオフで行われた（NFLの）ラムズとライオンズの試合。ライオンズは30年以上も本拠地でのプレーオフの試合に勝てていなかった。そういうストーリーがあるってファンも知っているから、うまくいかないことが少しでも起きると、スタジアムは「またか」という雰囲気になってしまう。それに選手も影響されていく。

リーダーには、そういう状況を打破する言葉の力が求められる。外部の声を打ち消して、自分たちは目標を達成できるんだって。この国（アメリカ）でリーダーというと、フットボールのクォーターバックがよく挙げられる。ジョー・モンタナが、試合残り2分のハドルでチームメイトにジョークを言ってリラックスさせていたなんて話を聞く。それがアメリカ人が求めるリーダーなんだと思う。記者もよくこう質問する。「チームは負けが続いている、チームでミーティングはしたのか」って。ミーティングは、みんなが自分の正直な気持ちを吐き出して、悪い雰囲気を断ち切るための場。それに対して日本では、「みんな感情をのみ込んで我慢すべき、リーダーはその模範となるべき」って感じだと思う。だからこっちでは、日本に比べて言葉が重要になる。

それを考えると、大谷の「憧れるのはやめましょう」というWBCでのスピーチはやっぱり良かった。短いけど、気迫がこもっていた。試合前のスピーチのお手本のようだった。日本の選手にとって、メジャーリーグというのは、小さい頃からテレビで見ていて、いつか行きたい場所っていう想いがある。大谷はそれを理解していた。

メディア対応は変わるか?

トモヤ　7億ドルという大型契約を結んで、誰もが認める球界の顔となって、しかもドジャースという名門球団に移籍したことで、大谷のメディア対応は変わると思う?

ディラン　変わらないと思う。どんなに僕らが変わってほしいと願ってもね。というのも、メディアに対してのアクセス制限は、大谷が主導していることではないから。大谷が日本ハムにいた時は、毎試合後に取材に応じていた。だから彼が決めているというよりは、代理人の指示だと思う。なんでメディアに口を開かないことが良い方針だと思っているのかは謎。入団会見での様子を見ていても、これからも代理人が大谷のメディア対応について主導権を握る感じだった。

大谷はもっと多くの人に野球を好きになってほしいと繰り返し述べているけど、彼はプレーで活躍して、それを見た人に好きになってもらいたいというスタンスなんだと思う。でもアメリカ人の視点からすると、メジャーリーグというのはショービジネス。メディアとの対話で、記事やトーク番組のネタを提供するのは、プロアスリートの責任だと見なされている。

野球が他のスポーツに比べて有利なのは、選手へのアクセスがしやすいがゆえに、ストーリーを伝えやすいところ。NBAやNFLに比べて、MLBでは記者が選手のことを深く知ることができる。

でも状況は変わってきている。メジャーリーグの収入が大幅に増えて、自分たちの放送局も持つようになって、もう第三者の報道機関は必要ないんじゃないかっていう風潮になっている。でも野球がアメリカや世界で置かれている立場を考えたら、それは間違っていると思う。僕が生きている間に、(サッカー不毛の地と言われた)アメリカでのサッカー人気は野球人気を超えると思う。

広報という視点に限って言えば、大谷は間違ったチームを選んだと思う。ドジャースはメディアに対して傲慢な態度だから。誰に対して何の義務もないというのが彼らの姿勢。必要とあれば、そのことを見せつけようとしてくる。サムのような記者に、どっちの立場が上なのかを示すだけのために、取材上の障壁を設けるとか、記者の仕事がやりづらくなるようなことをしてくる。彼らは、状況を全く俯瞰《ふかん》できていないんだ。

ちょっと説明が長くなったけど、大谷はメディア対応を変えるべきだと思う。そうはならないと思うけど。ドジャースが、大谷の好きなようにやらせるだろうし。

サム ディランの意見に大方、同意だね。僕は全米野球記者協会のロサンゼルス支部長として、スプリングトレーニングが始まる前にロン・ローゼン（ドジャースのチーフマーケティングオフィサー兼執行副社長）と会って、大谷へのアクセスについて話し合う予定なんだ。エンゼルスでは、あまりにひどい状況だったから。話し合いには合意して、こっちの要求を聞いてきたけど、正直言って、あまり期待していない。相手の話ぶりとか態度とかで、大谷がもっとメディアに対してオープンになる責任があるとは感じていないことが伝わってくる。

24年は投球をしない大谷と1週間に一度の取材の場すらドジャースが設けようとしない

場合は、記者たちが彼に直接話しかけるべきというのが僕の意見。なぜ労使協定で決められたこと以外のルールを球団が勝手に設けようとするのか僕には理解できない。労使協定には、記者は選手と接することができると明記されている。

大谷が特異な存在であるがゆえに設けられたルールに関しては、これまでみんな遵守してきた。日本メディアの記者が多すぎて、他の選手と同じようにロッカーで対応するというのは難しいから。でもドジャースが僕らの仕事にちゃんと敬意を払うような仕組みを設けないのであれば、記者は大谷に直接、取材するんだという姿勢を見せるべきだと思う。無理に選手に口を開かせることはできないけど、もし彼が全てのインタビューを断りたいのであれば、自分の口でちゃんとそれを伝えればいい。大谷にとって居心地の良い環境を作るため、これまでメディアを含めてみんなが譲歩してきた。それによって僕らの仕事が難しくなることもあった。

大谷は誰に対しても敬意をもって接している。あまりメディアには話さないけど、失礼な態度もとらないと少なくとも僕は感じている。でも、それと同時に、彼は7億ドルをもらう、野球というスポーツの顔なんだ。マイク・トラウトも同じような立場で、積極的にその役割を果たしていないという批判を受けてきたけど、ちょっと違うと思う。マイクには、いつでも話しかけることができる。記者が求めるような内省的で深い回答は返ってこないかもしれないけど、それは仕方のないこと。

他の選手がやっていることをやらないというのはおかしいと思う。ディランが言うように、メジャーリーグはエンタメ。ファンが大谷という人間を理解するための材料は提供されるべき。僕らが彼を質問攻めにしたいとか、そういうことじゃない。僕らの仕事は彼についての情報を読者や視聴者に届けることなんだ。

ファンの中には、そういう僕らの視点に納得できない人もいるかもしれない。でも、それは彼らの得ている情報がどこから来ているか知らないからだと思う。記者が球場で質問をするから得られている。スティーブン・A・スミスのようなコメンテーターが、テレビで好き勝手に意見を言えるのも、僕らが得た情報があるから。

ディラン　エンゼルスとドジャースでは違いがあると思う。エンゼルスは大谷に対してものを言えるような立場になかった。大谷以外には、特に何もないような弱小チームだから。多くのエンゼルス関係者は、大谷のメディア対応の仕組みについて良くは思っていなかったけど、従わざるを得ないと感じていたと思う。

でもドジャースは、大金を払う側として、条件を決められる立場にいる。でもやろうとしない。メディアに対して、「俺たちの方が上の立場なんだぞ」と言わんばかりに。僕には単なる悪い経営としか思えない。

トモヤ　ディランは、大谷は自分で記者に対応し始めないと、ドジャース内で不和の原因になるかもしれないとコラムに書いたよね。主張をまとめるとこんな感じ。大谷の加入はドジャースのブランドを高めるだろうけど、それと同時に、チームメイトたちの球場での日々の過ごし方を変えてしまう。

毎試合、30〜50人くらいの日本の記者たちがやってきて、毎試合がポストシーズンであるかのような熱で取材する。日本の記者は大谷のことだけを伝えるのが目的だから、大谷がメディア対応しない時は、他の選手に大谷の活躍についてどう思うか聞きに行く。気にしない選手もいるだろうけど、個性の強い選手なんかは嫌がるかもしれない。問題は、大谷が1週間に1回くらいしかメディア対応をしないこと。他の選手にしてみれば、大谷だけ特権を与えられているように映る。若手の多いエンゼルスならまだしも、ドジャースにはスター選手が多くて、良くは思わないかもしれない。

僕もエンゼルスの選手に大谷について質問しに行って、特にベテラン選手から嫌そうな顔をされたことは何度かある。「また自分のことじゃなくて、大谷の活躍についてか」って感じるのは仕方ないことだと思う。チームメイトとは楽しそうにやっていたけど、大谷がロッカールーム内で特殊な存在なのは事実だよね。

サム　エンゼルス内で不和を生んでいたかは分からないけど、どう感じるかは選手によるだろうね。「なんであいつは話さないのに、俺は話さなきゃならないんだ」と感じる選手はいると思う。特に球界最高のプレーヤーで、最も高い給料をもらっている場合は、模範としてよくない。

ベテラン選手が、「なんで彼についての質問を俺が答えなきゃならないんだ」と感じるケースは想像できる。エンゼルスに比べてドジャースはベテランや個性の強い選手が多い。マイク・トラウトは、あまり気にしないタイプだったけど、フレディー・フリーマンやクレイトン・カーショーのようなタイプがどう思うのかは分からない。性格が良い悪いとかじゃなくて、みんな見方が違うんだ。

大谷が結果を残しているうちは問題にならないと思う。でも成績を残せなくなった時、問題が表面化すると思う。調子が悪い時は、いつも以上に話したい気持ちではなくなるから、他の選手が代わりに質問を受けることになる。そうなると嫌がる選手も出てくるだろうね。

エンゼルスでは、大谷が孤軍奮闘することもあった。試合に出続けて、頼りないチームメイトを一人で引っ張っていた。みんな大谷に借りがあるみたいな感じだった。そういう中では、大谷が話さないなら、他の選手が代わりに答えるのは仕方ない部分もある。だから、（怪我で試合に出られず、結果を残せていない）アンソニー・レンドーンについては、「なんでレンドーンは話さなくていいんだ」と他の選手が聞いてきたこともあったよ。当時は大谷以上に稼いでいたしね。

大谷がメディア対応しないことを良く思わないエンゼルスの選手もいたとは思う。数人の選手が「大谷が話さなくていいなら、俺も話さなくていいかな」と球団に聞いたらしい。ダメだと言われたけど。大谷が活躍することで、そうした小さな不満を封じ込めていたと思う。

でもドジャースには、実績を残してきた選手が揃っている。彼らは、大谷の代わりに話すなんて自分の仕事じゃないと思うかもしれない。大谷が他を圧倒する活躍をしていない限り、特別扱いは良く見られないと思う。必ずしも問題になるとは限らないけど、その可能性はある。

ドジャース幹部は傲慢？

トモヤ　業界内でのドジャースの球団運営への評価はどうなの？　特にディランはずっと取材していて詳しいと思うけど。

ディラン　賢いとは思う。特に編成本部長のアンドリュー・フリードマンは、新しい取り組みで評価された。当時としては先進的だった。でも他球団も追いついてきたと思う。それでも金銭面では恵まれているから、他球団以上に研究や育成にお金をかけられている。その点では有利だね。

この10年間、ドジャースはなんて優れた経営をするんだって言われてきたけど、そう考える人は、ドジャースがつぎ込んでいるお金の額を見過ごしていると思う。ドジャースの経営陣は、世間の評価を聞いて喜んでいるけどね。

僕には、ドジャースの球団幹部が、自分たちが優秀だと見られることを勝利よりも優先することがあるように映る。単に勝つんじゃなくて、いかに自分たちが優秀かを示す形で勝とうとするんだ。だから、毎年のように、球団のやり方に不満を持った選手が出てきて、僕にもそれを話してくれようとする。多くの人とドジャースについて話していると、傲慢だっていう声をよく聞く。他球団の関係者と大谷の去就について話していたら、「ドジャースだけには獲得してほしくない」という人もいたよ。

安定して成績を残しているから、多くの問題は表面化していない。でもフロントと監督の間、そして監督と選手の間には溝があると思う。それでも最終的には、お金が解決してくれる。毎年、ポストシーズンには進出できるから、そんなに状況が悪くなることはない。チーム内の人間関係が悪くなっても、少なくともチームは勝っている。チームが負けていて険悪なムードよりはマシ。資金に余裕がなくなった時には、多くの問題が表面化すると思うけど、大谷が彼らに白紙の小切手を渡したことで、少なくともあと10年は大丈夫そうだね。

サム　僕はドジャースを取材してきたわけじゃないから、あくまで外から見た印象でしか語れない。

エンゼルスをずっと取材していると、あらゆる面で機能不全に陥っている。特に選手育成や下部組織の施設やスタッフ、コーチは、かなり疎《おろそ》かにしている。だから毎年のように負け越して10年もプレーオフに出られていない。それは小さな間違いとか偶然で起きたことではない。

ドジャースは、そういう球団ではない。業界内では、厳格な経営をしているという評判だよ。大谷や山本やグラスノーのような大型補強に限らず、自前の良い選手を常に抱えている。選手がいなくなっても、それを埋められるだけの層の厚さがある。良い球団というのは、そういうもの。アストロズが良い例だよ。この7年間で有力選手を失い続けながらも、毎年、ア・リーグ優勝決定シリーズに進出している。

ドジャースも似ている。プレーオフでは思うような結果を出せずにいるけど、常に地区優勝を果たしている。若手育成に重きを置くことで、下部組織から選手を供給するパイプができている。それが成功の理由だと思う。

ただし、プレーオフで結果を残せずにいるのも、偶然ではないと思う。ディランも触れたけど、監督やコーチ陣とフロントには溝があって、それがダイヤモンドバックスのようなチームに勝てない理由かもしれない。もしかしたら24年の地区優勝は、ドジャースではなくダイヤモンドバックスかもしれない。ダイヤモンドバックスは、ドジャースのような資金はないけれど、組織としてうまく機能している。勝つためのプランがしっかりしていて、23年はドジャース以上の成功を収めることができた。

どの球団にも、良い部分と悪い部分がある。チームによってはマイナス部分の方がずっと大きい。ドジャースは細かい部分では、非常にうまくいっている。今必要なのは、全員が同じ意識を共有して、同じ方向に向かうことなのかもしれない。

ドジャースは、大谷や山本、グラスノーを獲得して、スーパーチームを作ろうとしている。球団を取り巻く雰囲気もすごくいい。オフシーズンの勝負には勝ったといえるだろうね。その反面、シーズンが始まって苦戦するなんてことになれば、反動があるかも。シーズンが始まって、ドジャースがどんなパフォーマンスを見せるのか楽しみだよ。

3章　日本が報じる「オオタニサン」

ドジャースの春季キャンプが始まり、取材に応じる大谷翔平＝2024年02月09日、米アリゾナ州グレンデール

素の大谷翔平

トモヤ　クラブハウスなどフィールド外での大谷選手について、印象に残っているエピソードはある?

サム　彼がどんな人間で、どんなことを考えているのか、ほとんど明かしてくれないのは、逆に彼を興味深い人間にしている。多くのファンが大谷の人間性について何も知らないのは、彼がいかにメディアと話したり関わる機会が少ないかということ。でもファンの人たちは、大谷のプレーを見られれば、それで満足している。あれだけの活躍をしていれば、メディアに話そうが話すまいが関係ないからね。アンソニー・レンドーンのように怪我をしてほとんどプレーしていない選手の場合は、何も語らなければファンも気にするけど。

エンゼルスを取材していて気づいたのは、いかに大谷がチームメイトに愛されているか。普通、大谷のようにメディアに対応しないで、代わりに周りが毎日のように大谷についての質問ばかりを受けるような状況だったら、嫌がる人も出てくると思う。でも、エンゼルスでの大谷に限って言えば、そんなことはなかった。それだけ周りが彼に敬意を持っているんだと思う。フィールドやベンチでの様子を見ていると、大谷はいつもジョークを言って楽しそうにしている。

記者への接し方についていえば、彼は軽い挨拶をするような時ですら、タイミングを選んでいると感じる。普段は僕らが存在すらしていないような扱いだから。日本語で「こんにちは」と「さよなら」を学んで、彼が通りかかった時に使ってみたことがある。そしたら振り向いて笑い出したんだ。他の選手には近寄っていって普通に話すことができるけど、大谷はあまりにもちゃんと交流する機会がないから、そうしたわずかな人間同士としての交流にも感動したよ。大谷は選手なんかには普通の人として接するけど、僕らメディアとは、よほどのことがないと交流しようとはしない。

だからこそ彼が接してくれた時は感動した。職業柄、普段から近くにいる野球選手を見て緊張したり特別な気持ちを抱いたりはしない。でも大谷が僕の「さよなら」という日本語を聞いて、「パーフェクト」と言った時は、「よし、彼を感心させたぞ！」と喜んだよ。

大谷は謎めいていて理解するのが難しい。でも、彼の些細《ささい》なやりとりを見ていると見えてくることもある。ルーカス・ジオリートがエンゼルスに移籍した時に、二人とも同じくらいの身長で、大谷がジオリートの身長を当てようとしているのを見た。確かジオリートが少し高かったのかな。

セントルイスでラース・ヌートバーに聞いた話なんだけど、彼が大谷に「ランチを食べに行かないか」とテキストメッセージを送ったら、大谷は「寝ている」と答えたんだって。可笑《おか》しかったよ。だって、テキストメッセージに返信したってことは、起きているんだから。

大谷は遠征中は外出はしないみたい。バスでホテルと球場を行き来するだけ。人目につきたくないんだろうね。たとえ一緒にWBCを戦った仲間とのランチでさえ。野球界の数少ないスーパースターの一人だから仕方ない。その後、大谷とヌートバーは結局、どこかで会ったとは聞いたけど。

ディラン　大谷はユーモアのセンスがあると思う。彼の会見は、まずは現地メディアによる英語での質問に答えてから、日本メディアからの日本語での質問に移る。僕は日本メディアの会見にも残ってやりとりを聞くんだけど、質問内容が違って面白いんだ。日本の記者は技術的なことを細かく聞く。たとえば、「いつもより手の位置が3センチくらい下がっているように見えましたけど」とか。そういう質問が5、6個続いた後に、ちょっと変わった質問をするようにしているんだ。彼がどう反応するかを見たいから。

カブスがアナハイムに遠征に来た時に、鈴木誠也が「野球を教えてって言っても全然教えてくれない。ケチ谷って呼んでいます」と言っていたから、大谷に「鈴木選手がケチ谷って呼んでましたけど」と言うと、笑いながら「人に教えられるほど、良いバッティングはできていない」みたいなことを答えた。でも、表情とか声のトーンから、ユーモアを理解しているなと感じた。通訳の一平をいじるのも好き。一平が兜《かぶと》を被った時に、似合ってないみたいなことを言ったり。時々、そういうお茶目な面を見せる。

笑った表情が良いというのもポジティブな印象を与えていると思う。それにすごく礼儀正しい。攻撃的になることもない。オールスターゲームの時に、多くの記者が、シーズン後にフリーエージェントになることについて聞いていた。僕もそれに関して直球でその質問を投げかけてみた。その時は聞こえなかったんだけど、あとで音声レコーダーを聞いてみたら、「何なんだ今の質問は?」と呟《つぶや》いているのが記録されていたよ。彼をイラつかせていたことに全く気付かなかった。

日本人選手は、日本メディアと奇妙な関係にあることが多い。彼らは、母国でどう見られているかの方が気になるから。たぶん僕やサムのようなアメリカの記者が英語で何を書いているかは気にしていないと思う。日本語の記事は、日本で友達や家族も読んでいるから、日本の記者とはちょっと緊張した冷たい関係があるんだと思う。日本の記者たちは、試合中のカメラに映し出される大谷の感じが、自分たちへの態度に比べて、いかに温かみがあるかをいつもジョークにしている。

日本メディアの印象

トモヤ　サムは大谷の一挙手一投足を追う、20～30人の日本人記者たちを見たときは驚いた？

サム　そうでもないかな。日本でそれだけの関心を集めていると分かってはいたから。僕はレンジャーズを取材したことがあるんだけど、その時に活躍すると言われていたけどダメだった日本人投手がいた。名前は何だったっけ？

ディラン　有原航平ね。

サム　そう、彼にはそこまで多くの記者はついていなかったけど、エンゼルスが遠征に来た時に、大谷を取り巻くメディアがどんな感じなのかは見ていた。僕が一番、印象に残っているのは、日本のメディアとアメリカのメディアの人たちが、そんなにいつも交流しているわけじゃないけど、すぐに仲良くなれたこと。正直言って、大谷がエンゼルスを去って一番悲しいのは、日本の記者たちがいなくなってしまうこと。

彼らに申し訳なく感じることもあった。生活の拠点をアメリカに移して、遠征地にも行って、全力で取材しているのに、大谷はほとんど話さないんだから。それでも、何とか日本の人たちにとって意義のある記事を書く術を見出していた。

僕は日本のメディアのインタビューを受けてきたけど、ディランも言っていたように、アメリカの記者がする質問とは違って興味深かった。たとえば、いつも確率を聞いてくる。大谷がMVPを受賞する確率はどれくらいかとか、本塁打王になる確率はどれくらいかとか。あと、僕らが気にしていないような記録に日本人が注目していたりする。たとえば、防御率のタイトルとか。

トモヤ　分かる。アメリカンリーグのホームラン王とか、最多勝とかね。

サム　そう。選手の活躍を測る上で重視される指標が日本とアメリカで違う。面白いなと感じるよ。細かい技術的なこともよく聞かれる。ちょっとピッチングやバッティングの手の位置が変わったこととか、いつもと違うバットを使っているとか、スポンサーが変わったとか。正直、僕はそうしたことは、ほとんど気にしていない。大谷のスポンサーがニューバランスだろうと何だろうと、どうでもいいことだから。日本人選手がアメリカで、アメリカ人選手よりもはるかに優れた活躍をしていることが、日本で話題になっているのは理解できる。だから、大谷についてのあらゆる詳細が、とても重要なんだろうね。

日本メディアは、大谷がロッカールームに入るのと出るのを確認するまで帰ろうとしないんだ。ダグアウトで日本の記者たちと話していても、大谷が歩いて出てきた途端に、「どっか行け！」という感じになるんだ。「サム、俺に話しかけるな。この男が、いつもと同じようにダグアウトに出てきて、いつもと同じように外野の壁にトレーニングボールを投げる姿を写真に収めなきゃいけないんだから」ってね（笑）。

スプリングトレーニングでは、何人もの記者がトレーニング施設近くの岩山に登って、そこから彼の姿を見逃すまいとしている。夜明けから4時間もだよ。もしかしたら、大谷が早く到着するかもしれないからって。毎日、毎日、何があろうと、この小さなことを成し遂げようとする仕事への姿勢を目の当たりにして、とても感銘を受けたよ。

この2年半で知り合った日本の記者たちがいなくなるのは本当に寂しい。特別な仲間たちだったから。大谷を毎日、取材できなくなるのも寂しいけど、一緒に仕事をした仲間たちとの別れほどではないな。

ディラン　サムは、とてもポジティブな見方をしているんだな（笑）。彼らは服役囚みたいなものなんだぞ。僕は一度も日本に住みたいと思ったことはない。なぜ日本の記者たちが山の頂上で待ってなきゃいけないのか分かる？　選手たちに、自分たちも同じくらい仕事に対して真剣だと示さなきゃいけないからだ。それを選手に見てもらえるかもしれないから、あそこで待ってなきゃいけないんだ。酷い話、完全に時間の無駄だよ。

サム　僕は一生懸命に働いている人を貶《けな》したくないからポジティブに見ているんだ。でも、僕がそれをやれと言われたら、新しい仕事を探すと思う。

ディラン　サム、日本の記者が君に質問しているのは、責任を逃れるためだよ。大谷がクソみたいなプレーをしても、彼らは直接はそう言わない。「サムが言うには」と書いて記事になるんだ。「大谷はダメだ」とアメリカのメディアが言っていると。

トモヤ　「ディランが言うには」もね。

サム　そういうインタビューでは、大谷について否定的なことは、ほとんど言わなかったような気がする。彼らが求めているのは、「いかに大谷が素晴らしいか」についてだと感じることもあったし。

トモヤ　僕もそれを感じることがある。特にテレビの取材で、「大谷は素晴らしい」の結論ありきで、質問してくる。それに合うようなコメントを欲しがっているのが伝わってくる。

ディラン　今は順調だけど、特に大谷の最初の3年間は、否定的なものであれば、僕らが書くのを待ってから、「現地メディアはこう言っている」って報じる。面白いことに、時々、彼らは僕にアイデアをくれて、僕がそれを書くように仕向けて、その内容を記事にするんだ。元々、彼らのアイデアだったのに。

サム　勉強になるなあ。

ディラン　黒田博樹がドジャースにいた頃（2008〜2011年）、ずっと黒田に貼り付いていた記者がいた。彼と黒田は仲が良くて、毎日そこにいる唯一の記者だから、特ダネを手に入れることができたんだ。だから僕も、彼の書いた記事を読んで、それをもとに黒田に話して記事を書いた。そしたら、その記者は、私の記事を記事にするんだ。「ディランによると」って。

僕が記事にしたってことが日本ではニュースになる。「アメリカのメディアは黒田について、こう報じている」ってことに日本人は興味があるんだ。僕も実は日本人なのに。でも、だからこそ、日本人がアメリカ人に従属的になっていることを少し危惧している。トランプを当選させたような国民なんだから、俺たちの言うことになんて絶対に耳を傾けちゃダメだ。

サム　１００パーセント同意だね。

ディラン　まだ第二次世界大戦の傷跡が残っているんだろうね。だから、アメリカの言うことは今でも奇妙なまでに重視される。

日本の記者の誰もが、アメリカ人の誰よりも野球に詳しいにもかかわらず、なぜか僕はいつも週に3度くらいは日本の記事に登場する。いつも彼らにこう言っているんだよ。「この15年間、いつも引用してきたディラン・ヘルナンデスは、野球について何も知らないってことを記事にしろ」と。試合中は居眠りするし、パソコンでサッカーの試合を見てることもあるってことを。

テレビの取材の時は、日本語でも話す自信はあるんだけど、4分の3くらいは英語で話してくれと頼まれる。それも日本語で質問してきて、英語で答えさせようとする。僕にアメリカ人ぽくしてほしいんだろうな。その方がステータスが上がるから。アメリカのどうしようもない教育を受けてきた僕の意見が、なぜか重視されるんだ。笑えるよ。理解できないし、ちょっと問題だと思う。アメリカのやり方にただ従うんじゃなくて、日本には、ある意味でもっと世界をリードするようになってほしいと願っている。話が逸《そ》れて申し訳ない。

トモヤ　僕も「海外の反応」を気にする傾向はやめた方がいいと思っているよ。劣等感の裏返しだし。日本のテレビ番組なんかが、エンゼルスタジアムで明らかに白人を狙ってインタビューして、彼らに「オオタニサーン」って言わせたり、大谷がいかにすごいかを語らせるのを見てると、日本人として恥ずかしくなる。僕も、ある雑誌の取材で、トム・シムラさんと記事で紹介させてもらっていいかと聞かれたことがある。志村朋哉よりアメリカ人っぽいから。

異例の取材制限

トモヤ　エンゼルスは、大谷への取材を彼が登板した日だけに制限していた。それはやっぱり異例なことだよね。

ディラン　とても珍しいこと。ダルビッシュもそうだったかもしれないけど、彼はドジャースに3カ月くらいしかいなかったから、よく分からない。松坂大輔の時も、非常に限られていた。言語が障壁にはなっている。たとえば、サムが彼と話すには通訳が必要だから、チームの助けが必要になる。おかしなことに、スティーブン・ストラスバーグが新人だった時、大谷と同じように登板日の短い会見だけに制限して話題になった。球団が「彼に話しかけるな」と言ったんだ。

僕は何かをするなと言われると、普段は本能的にそれをしに行くんだけど、日本人が周りにいると、僕も妙に日本人らしく振る舞ってしまうところがある。トモヤも同じ問題を経験しているか分からないけど。

トモヤ　ある、ある。日本語を話している時と、英語を話している時で性格が変わる。日本人と話していると、自然と控え目になるというか。

ディラン　日本の戸籍上の僕の名前は、母の旧姓と、こっちのミドルネームで、ワタナベ・オサムなんだ。日本の学校に通っていた時は、その名前を使っていた。ワタナベ・オサムは、とても静かでルールに従う人間で、日本人に囲まれていると、その自分になるんだ。そういう時は、なぜか集団からはみ出すのが難しくなって、「やってられねー」とは言えなくなる。

でも日本語が使えるのは、大抵の場合は有利に働く。選手も自分を頼ってくるし。黒田も何が起きているか分からない時なんかに、僕に聞いてきた。サイン盗みの件があった時は、ダルビッシュが僕に連絡してきて、「ロサンゼルスの人に伝えたいことがあるんだけど、英語に訳してくれないか」とお願いしてきた。

身ぶりを交えて話をするエンゼルスの大谷翔平（左）とパドレスのダルビッシュ有＝2021年09月07日、米カリフォルニア州サンディエゴ

17

イチローはどうだったのか知らないけど、日本人選手へのアクセスが制限されるのは珍しいことではなかった。でも、大谷がメディアにあまり語らないことがここまでアメリカでも話題になるのは、これまでの日本人選手に比べて活躍がずば抜けているからだと思う。アメリカのメディアさえも、エンゼルスを取材するのは大谷がいるから。それだけ彼のステータスが高いってこと。

トモヤ　制限を決めているのは、エンゼルスではなく、代理人のネズ・バレロだったの？

ディラン　僕はそう理解している。大谷のやっていることは、別に問題がないのに、ネズが問題を作り出しているだけな感じがする。だって、日本にいた時は、大谷は先発登板後だけじゃなくて前日にも記者に話していたんだから。日本ハムも彼へのアクセスを制限はしていたけど、エンゼルスほどではなかった。

サム　エンゼルスが主導したわけじゃないけど、ネズの望むことを望む通りの方法でやらせてはいた。ネズは、メディアの仕事を理解しているとは思えない。彼は先日、大谷の考えていることについて、記者はポジティブな記事を書く必要があると説明し始めたんだ。公の場で、記者にポジティブな記事を書けと言うのは、愚かなやり方だよ。彼は大谷がほとんどメディアと接しないシステムを作ってしまった。賢明ではないよ。

2度目の手術についてネズが声明文を出した時も、それが何という手術なのかすら書いていなかった。そればかりか、医師が「24年は打者として出場できて、25年には投手として復帰できる」と断言する奇妙なコメントが含まれていた。復帰時期を断言する医師のコメントなんて他では見たことがない。ネズはメディアを、自分のメッセージを伝える手段だと考えている。でも本来のメディアは、質問して、正確な答えを得て、それをもとに状況を分析したり評価したりすることが役割なんだ。

確かに、ロッカールームで大谷に制限なしに取材を許すには、記者の数が多すぎる。みんなそれは理解している。シーズンを通して限られた場面での取材機会を設けるのは理にかなっている。それを踏まえた上で、記者たちは、週に1、2度くらい、試合前に彼にプレーやそれ以外について質問できる機会を設けてほしいとネズや球団に働きかけていた。そうすれば、投手として完封した直後に、移籍について聞かなくてすむようになる。

問題が表面化したのは、大谷が肘を故障した後に、一切、話す場を設けなかった時。大谷のせいというよりは、ネズの責任だと思うよ。そのせいで、大谷に何が起きているか全てを把握しているわけではない球団が、代わりに説明する羽目になった。その結果、球団は、「彼にMRIを受けさせる必要はなかった」と説明したのに、後から「大谷がMRI

を拒否した」と発言を撤回しなければならなくなった。

大谷がいつ、どんなことを話すかについて、もう少し球団とネズがうまくコミュニケーションをとっていれば、問題は起きなかったはず。たとえば、大谷のロッカーが突然、整理されていた時のような。大谷が記者にそれを見られることを気にしていたかどうかは分からない。でも、少なくともエンゼルスは、ロッカーが片付けられていたことを知らなかった。だから、僕ら記者は、それを見て想像をめぐらせるしかなかった。それは球団の広報チームも同じだった。「これをどう説明すればいいんだ」と。あの夜、メディアは、エンゼルスに気を遣ったと思うよ。ロッカーが片付けられていたことを報じるまで30分近く待ったんだから。球団から説明があるかもしれないから。僕らもこれが色々な憶測を呼ぶ大きなニュースになることを理解していた。

話が脱線しているのは分かっている。ただ、この件がおおごとになる必要はなかったと思っているんだ。ネズの要求通りに、大谷をメディアの前で話させないようにしたことはエンゼルスの責任だよ。

もちろん、大谷にも責任はある。29歳の大人なんだから。彼が話したければ話せばいいだけのこと。僕は別に誰に恨みもないよ。「僕たちと話さないなんて、こいつはクソだ」

なんて思ってもいない。大谷には敬意を持っているし、ディランが言うように、大谷の僕らに対する態度にも敬意がある。質問にも、ちゃんと答えてくれる。誰かが質問している時に、勝手に立ち去るようなことはない。自分のミスをちゃんと認めるし、数少ないけれど、うまくいかなかった時も責任を認める。自分のミスでない時ですら責任を口にする。彼の周りの人間や球団が、大谷が自分の口で説明しないですむような環境を作ってしまったことに問題がある。エンゼルスの広報は、日米の記者にできる限りの情報を提供しようと最善を尽くしていたのは知っている。それよりも、大谷の周囲の人々によって醸成された環境だった。

僕はアンソニー・レンドーンが記者に話さないことに批判的だった。というのも大谷とは立場が違う。怪我をして試合に出ていないし、大型契約を結んでチームの顔の一人になったわけだから。

でも大谷もチームの「顔」になる存在としてドジャースと大型契約を結んだ。それによって、もう少し前面に出てくることが求められると思う。ネズも、もう少し彼に話させる必要が出てきて、大谷も自身の状況について積極的に自分の口で説明する必要が出てくる。

これはメディアをなだめるためではない。大谷という選手について知りたいという、あらゆる人の欲求に応えるため。何も私生活を明かせとか、趣味や興味について話せと言ってるんじゃない。フィールド上で起きていることや、自身の怪我についてとかをきちんと自分の口で語る。それがプロスポーツというもの。そうした情報があることで、見ている人もより楽しむことができる。

縁の下の力持ち

トモヤ　大谷が通訳を使っていることで、アメリカ人の記者やコーチ、チームメイトとのミスコミュニケーションは起きていると思う?

ディラン　(通訳の水原)一平はすごいと思う。メモも取らずにスラスラ訳すんだから。でも通訳を介することで、生じる誤解はあると思う。一つの例が前にも述べたように、21年にエンゼルス首脳陣が、「大谷の健康を守るために設けていた制限を取っ払う」と言った時のこと。大谷はそれを最終通告と受け取ったと思う。これで成績を残せないのであれば、二刀流は諦めろと。

日本では、雇い主は従業員の面倒を見る「義務」があると感じている。「彼がうちを選んでくれたんだから」って。日本ハムは大谷に対して、「彼がうちに来ることを選んでくれたのだから、我々には彼にとっての最善を尽くす義務がある」と思っていた。でもエンゼルスでの大谷は、「3年間は待ってくれたけど、これで結果を残せなければおしまい」って感じたんじゃないかな。裏切られたとはハッキリ言ってないけど、行間を読めばそう受け取れる。

大谷は礼儀正しくて話すのも上手だし、「何も問題はない」って思わせる物腰だから、僕らも忘れがちだけど、彼はとんでもなく負けず嫌いでもあるんだ。悪い人だというつもりはないけど、エリートアスリートはみんなある程度、「クソ野郎」なんだ。

（23年4月1日のオークランド戦で）高校時代にライバルと言われた藤浪晋太郎と対決した時、満塁の場面で大谷が、史上最長なんじゃないかと思うような強烈なシングルを放った。しかも一塁上で踊って喜んでいた。同じ高校日本代表チームでプレーした仲間で、メジャーで成功しようと頑張る藤浪に対して、大谷は「ボコボコにしてやる」って感じだった。それが彼なんだ。でも、そういったニュアンスは伝わっていないと思う。

トモヤ　サム、通訳を通さないと大谷と会話できないっていうのは、記者としてはやっぱり仕事が難しくなる？

サム　通訳を介さなければならないことに文句を言うつもりはない。大変なのは、他の国から来た選手の方だから。実際に大谷がどれくらい英語を理解しているかは分からない。でも僕たちが質問すると、大谷はいつも頷《うなず》きながら聞いている。質問は理解できているんだと思う。でも、彼がやりやすいやり方で、こちらは構わないよ。人それぞれだからね。まだそんなに英語が上手ではないけど、通訳をつけないで話すことを好む選手もいる。

一平は大変だと思う。大谷の発言は世界的に話題になるから。21年のシーズン終了時、エンゼルスに移籍してよかったかと尋ねたら、「優勝することが最優先」という答えが返ってきた。正確に意図を伝えないとまずい質問だよ。つまり、「勝てていないエンゼルスには満足していない」と受け取られかねないから。今に至るまで、その答えの意味を確信できてはいない。そういう意味では、言語は確かに障壁にはなる。

大谷が一平を必要としない日は来ないと思う。一平は通訳の域をはるかに超えた役割を果たしているから。親友のような存在でもあって、コーチのような存在でもあって、兄弟のような存在でもある。彼らには切っても切れない絆のようなものがあると感じる。

記者たちだけでなく、全てのコーチやチームメイトが一平を介してコミュニケーションしなければならない。大谷の秘書のようなもの。フィル（ネビン監督）は、「一平が試合中に、『大谷は打者として出られる』と伝えに来た」とよく話していたよ。

トモヤ　一平の人柄を示すようなエピソードを教えてくれる？

サム　大谷の周囲の人の中でも僕らの仕事を理解してくれている方だと思う。面白くていい人。彼との会話は、僕はいつもオフレコだと考えているので、話した内容は明かさないけど、とてもフレンドリー。記者に情報を漏らしてはいけないという自分の責任を認識していると思う。少なくとも僕には情報を漏らすようなことはない。他の記者に対してどうかは知らないけど。

自分は大谷のためにここにいるんだと一平は理解している。「あれはどういうこと？」と些細なことを彼に尋ねても「それについては話せない」って言うんだ。でも、それ以外はとても気さくで、一緒にいて楽しい人だよ。

大谷の人気が上がるにつれて、彼も人気者になった。でも、自分がスポットライトを浴びることは望んでいないような気がする。それも彼の人気を高めていると思う。ちょっと照れ屋なところがファンにウケている。

思い出に残っていることを一つ挙げるね。僕は22年のアメリカンリーグMVPに投票する記者の一人だったんだけど、オークランドでの最終戦の後に、一平が僕に「誰に投票するの？」と聞いてきた。「大谷に入れないとボコボコにするぞ」みたいなふりをして聞いてきたんだけど、僕は「教えられない」と答えたよ。可笑しかった。彼にそう言われたから大谷に投票したわけじゃないよ。まあ僕をボコボコにするのは簡単だと思うけど（笑）。

英語を話さない理由

トモヤ　ＥＳＰＮコメンテーターのスティーブン・Ａ・スミスが、大谷が通訳を使っている限り野球界の「顔」にはなれないと発言して、アジア人コミュニティーから人種差別であるとの批判を受けた。

サム　そもそも、大谷が野球の「顔」になるためにメディアと話す必要なんてないことを理解した方がいい。英語を話す必要はないし、アメリカ文化を受け入れる必要もない。彼は好んで受け入れているみたいだけど。

大谷が野球界の「顔」となれたのは、フィールドでの活躍や立ち居振る舞い、チームメイトとの接し方、そういったことが理由だよ。

トモヤ　大谷が実際どのくらい英語を話せるのかは多くの日本人が気になっているところ。

サム　彼が英語を話すのを聞いたことはある。ＣＭや23年のオールスター戦の前なんかにも話していた。英語を話す人たちと一緒にいる時は英語を話している。彼は自分がやりやすいようにやっているんだと思う。でも公のインタビューでは話さないから、一般の人には英語を全く話していないと思われるんだろうね。でも、誰かにもっと英語で話せなんて言うつもりはない。

もしかしたら、僕が第二言語を習得したら、他の人にも、もっと使った方がいいとか言うのかもしれない。でも僕は英語しか話せないし、新しい言語を習得する予定もない。だから偉そうに批判なんてできない。文化の違いもあるのかな。僕に言えるのは、日本語を話している大谷は、アメリカではもちろんのこと、世界でも絶大な人気があるということ。

ディラン　マーケティングの観点で言えば、大谷が英語を話すかどうかは関係ないと思う。でもチーム内での人間関係においては影響はあると思う。たとえば、サッカーの中田英寿はすごかった。何カ国語も習得していて、プレーしていた国の言葉で意思疎通できていた。イタリアでの初めての記者会見を、イタリア語でやってのけるんだから。チームメイトやコーチとコミュニケーションをとる術を身につけていた。中田と同世代で天才と呼ばれていた財前宣之は、同じイタリアに行った時に、言語の壁が原因で無理をして膝を故障してしまい、期待通りのキャリアは送れなかった。

大谷には素晴らしいコミュニケーション力がある。前にも話したけど、ＷＢＣの決勝戦の前のスピーチは美しかった。チームのリーダーになる資質もあると思う。

頭が良いと自分で思っている人ほど言語習得は難しくなる。言語習得には、ミスを恐れずに実際に使うことが重要で、頭が良いと思っている人ほど、自分がバカだと思われるようなことをしたがらない。逆に、いつもふざけていて、人に笑われても気にしないような人の方が、どんどん使うので習得が速い。黒田博樹と話していると、本当に頭がいいと分かる。だからこそ頭が悪いと見られるようなことは避けたかったんだと思う。それが英語習得では障壁になっていた。

それに、日本人は他の日本人の話す言葉について厳しく評価する。たとえば、アメリカにしばらく住んでいた日本人の日本語がちょっと訛《なま》った時とか。僕も久しぶりに会う日本語学校時代の友達とかに、ちょっとでも変な日本語を使うと、すぐに指摘される。そういう指摘が頭に蓄積されて、自分の行動に影響を与えている。「完璧でないといけないんだ」って頭に染み付いてしまっているんだ。

トモヤ　それ、分かる。僕も6年間くらい、ほとんど日本語を使わずに生活していた時があって、久しぶりに日本に行ったら、友達や家族に指摘されたから。「日本語、変だよ」とか「訛ってる」とか「アメリカンだね」とか。

ディラン　そう、そういうこと。正直なところ、僕も他人にそう感じてしまうことがある。この間、レイカーズのメディアデーで八村塁が日本語で話していて、ちょっと訛ってきているなと思ってしまったし。

トモヤ　英語はすごく上達したけどね。

ディラン　それも間違いない。その分、日本語は衰えたのかもしれないし。

トモヤ　僕は英語と日本語の両方で記事を書いているから、語学力を維持する難しさは身にしみて分かっている。「言語は一度、身に付いたら忘れない」と思っている人が多いみたいだけど、実際は使わないと衰えていく。

ディラン　日本人は言語というものを真剣に捉えている。僕なんか、日本語と英語を混ぜて使ったら母に引っ叩《ぱた》かれていた。それに習字とか書き方の授業があって、字の綺麗さに人柄が表れるとか言われるんだから。確かに僕の字は汚いから、大真面目な性格を表していると言えるのかもしれないけど。

僕は日本語を話さなかったとか、スペイン語を話さなかったっていう記憶がないんだ。つまり、成長する中で、当たり前に英語と日本語と父の言語であるスペイン語を使っていた。言語を「勉強」したことがないんだ。だから、日本語を学んでいる白人の大学生が、

1年間くらい日本に留学して、ある程度、日本語が話せるようになって帰ってくるのを見て、いつも「すごいな」と思ってる。

僕は自分の子供たちには、日本語を教えようともしなかった。妻はメキシコ人だし。それに、僕も自分の日本語については自意識過剰になる。日本人の父親としてどう振る舞えばいいのかも分からない。「これはうまくいきそうにないから、もういいや」って思った。そういうふうに家族のルーツとなる言語は途絶えてしまうものなんだろうな。

文化の違い

トモヤ　日本人選手が英語を話そうとしない大きな理由が、相手にどう思われるかを気にしすぎているからなのは間違いない。それだと、使う機会が減ってしまうから習得も遅くなる。僕はプロのジャーナリストとして、英語でインタビューしたり記事を書いたりしているけど、文法や語法の間違いなんてしょっちゅうおかす。それでもアメリカの現地新聞でキャリアを築くことができた。自分がやらかしそうなミスを防ぐ手立てを考えたり、言語のハンデを埋められる別の能力を身につけたりすればいい。そもそもネイティブだって、完璧な英語を使えているわけではない。でも、日本人は、文法も語法も発音も完璧にするということに価値を置きすぎている。そんなことは不可能で、とてつもなく費用対効果も低いのに。

逆に、中南米から来た野球選手の多くは、文法も単語も初歩的なレベルだけど、躊躇《ちゅうちょ》なく英語を話すよね。

ディラン　一つには、アメリカに来る過程の違いもあると思う。中南米からの選手は、たいていの場合、貧しい暮らしをしていて、16歳くらいで契約する。通訳がいるとは限らないから、英語を話せるようにならざるを得ない。それに対して、日本からの選手は、すでにプロで活躍してきた億万長者だから、通訳をつけるよう交渉できる。英語を学ぼうという必死さは違うよね。

文化の違いってことでいえば、日本人はプロセスを重視する。アメリカ人が、「俺たちはプロセスを大事にする」なんて言うけど、クソ食らえだよ。日本人のメンタリティーと比べれば、アメリカ人は結果重視でしかない。それがあるから、日本の選手は技術的に優れているけど、競争者としてはダメなところがある。「過程」を完璧にすることにとらわれてしまうから。

大谷はその点では、普通の日本人と違う。完璧でなくても構わない。それよりも勝ちたいと思っている。そういう面で自分の文化を乗り越えている。メキシコ戦の9回に打った球は、明らかなボール球だった。普通の日本の選手だったら、100人中99人は、あの球を振らないと思う。でもラテン系の選手たちは振る。そのメンタリティーが、野球に限らず色々なスポーツで彼らの有利に働く。

中南米では、即興が全てみたいなところがある。世界最高のサッカー選手の多くがラテンアメリカ出身なのには理由がある。彼らはのびのびと自由にサッカーをしてきた。ロナウドやマラドーナはその典型。型にはまっていないから、信じられないようなプレーをする。大谷も、そうした偉大な選手だと思う。

大谷とイチローと野茂英雄が、僕にとって日本の偉大な三選手なんだけど、その理由は周りのことを気にしすぎなかったから。ダルビッシュ有は日本人じゃないという日本の記者がいたんだけど、僕からすればダルビッシュは普通の日本人以上に日本人ぽい。ハーフであるという自意識が強いがゆえに、いつも自分は日本人であることを証明しようとしてきたんだと思う。アメリカに来た当初は、「日本の野球を代表してここに来ている」といつも語っていた。日本の打者と対戦した時は、いつも相手の日本的な技術を褒め称える。三振に切ってとった相手に対してもだよ。彼には、周りの人のことを考えすぎてしまうところがある。メジャーは競争の激しい世界で、ある意味「嫌な奴」にならないと生き残っていけない。

大谷のすごいところは、反復を重んじて完璧を目指す日本のシステムで育ってきて、その要素を持っているけど、縛られてはいないところ。

日本だと三振って恥ずかしいことだとみなされる。東京でタクシーに乗った時に、運転手さんが話しかけてきて、大谷の話になった。運転手さんは、大谷がアメリカ人のようになったと不満気だった。毎回、ホームランを打とうとして三振が多すぎると。

あと、日本だと先発投手は週に1回、多い時は150球くらい投げさせてもらえる。松坂や黒田のようにメジャーに来た投手の多くが、100球くらいで「ようやく温まったぞ」という感じの時に交代させられて戸惑っていた。アメリカでは、一球一球が貴重だと考える。決められた球数の中で、力を出し尽くせと。日本には「遊び球」という言葉があるよね。カウント0－2（ツーストライク、ノーボール）で、わざと次の1、2球を外す。こっちでは、それはやらない。こうした違いについては、聞いてはいても、日本での成功体験もあるから、なかなか適応できないんだ。それで5、6回で交代させられて不満を感じる。ようやく温まってきたところなのにって。

大谷について僕が感心させられたことの一つが、アメリカでは足枷《あしかせ》になるような自分の中の日本的な部分を躊躇なく取り除いたこと。こっちでは、打者はホームランを打つパワーを求められる。そのためには三振は仕方ない。彼はそれに素早く順応した。

時間が経つにつれて、グラウンドでのセレブレーション時に、より表現豊かになってきたと思う。それも適応してきた証拠。色々な面で、すごくアメリカ人っぽくなってきた。そのことが日本の野球界を変え始めていると思う。ヤクルトの村上宗隆や阪神の佐藤輝明が良い例だよ。二人とも三振を恐れない。

息苦しい日本

トモヤ　スティーブン・A・スミスの、大谷が通訳を使っている限り野球界の「顔」にはなれないという発言が差別的かは別にして、現実問題として、大谷が公の場でもっと英語を話せば人気は上がると思う?

ディラン　そうは思わないね。(思った通りに表現できない)英語で話すと、実際の人柄と違う印象を与えてしまう可能性すらある。大谷は本当に頭の良い選手。英語で話すと、大谷のイタズラ好きで、ユーモアがあるところなんかは伝わると思う。伝わらないのは、大谷の頭の良さだと思う。むしろ、逆のことが起こると思う。

松坂の場合は、素朴さがあって、話し方もぎこちなかったけど、通訳がハーバード出身のエリートだったから、現地での印象は「頭の良い選手」と逆のパターンだった。

トモヤ　僕の印象だと、大谷のメディアへの返答は簡素で説明が少なくて、主語も曖昧だったりするから、「今のはどっちの意味だったんだろう?」と迷うことがある。それを通訳の一平が英語訳で主語や文脈を補ってくれて助かることがある。彼は大谷と常に一緒にいて、背景とか事情を知っているだろうから。

大谷は、日本語で記者に話す時は、きっちりと真面目な印象だけど、一平の英語はカジュアルな雰囲気。気さくな南カリフォルニアっぽいっていうか。だから現地の人には、大谷がよりフレンドリーに映るんじゃないかと思う。ディランが言ったように、通訳によって、現地の人が選手に持つ印象が変わるのは面白いよね。

あと、通訳に関していえば、返答した内容についてさらに質問があっても、訳が終わるまで質問できないのは難しいと思う時がある。リズムが崩されるから。

でも、なぜ大谷が英語を話すか否かに僕も興味があるのかというと、23年のオールスターのファン投票で、大谷が全体1位じゃなかったことに、ちょっと驚いたからなんだ。その時点で、WARで2位に2倍の差をつけていて、21年からは間違いなく最高の成績を残し続けてきた。でも1位はロナルド・アクーニャ・ジュニアだった。もちろんアクーニャも素晴らしい選手だし、見ていてエキサイティング。ブレーブスという強豪でもプレーしている。それでも大谷は、どの識者も認める異次元のスター。でも、もしかしたら大谷熱が高いのはメディアや専門家の間であって、一般の野球ファンは違うのかもしれないとすら考えたよ。

ディラン　大谷は野球界で最も人気のある選手だと思うよ。オールスターでは、時々、一部のファン層が熱を入れて投票することがある。ブレーブスの地元ファンの間で、地元チームの選手に入れようという熱が高かったんじゃないかと思う。

トモヤ　なるほどね。あとは、ユニフォームの売り上げも、今年ようやくメジャーで1位になったけど、21年と22年は、「なぜ1位じゃなかったんだ」と不思議に思った。もしかしたらだけど、僕が日本メディアから質問されても否定し続けていた、アジア人であることに対する差別があるのではないかとも。アジア人以外のファンが、なかなかアジア人を「格好良くてクール」だと思えないのではないかってね。

ディラン　大谷がエンゼルスという弱小チームでプレーしていたってのはあると思う。

トモヤ　それが要因の一つなのは間違いない。

ディラン　人種偏見ということでいえば、大谷がアメリカに来た当初、彼の身体能力は完全に見過ごされていたと思う。もし彼が黒人だったら、誰もが「とんでもないアスリートだ」と話題にしたと思う。「なんで野球なんかやっているんだ」ってね。アメリカだと大谷レベルのアスリートはアメフトやバスケに行くのが普通だから。今でこそ、大谷はそういう偏見すら超越してしまったけど。

トモヤ　大谷が18年に来た時のスプリングトレーニングで、日本時代からずっと大谷を取材している日本の記者が、「こっちでの大谷の方が楽しそうに見える」とすでに言っていた。僕は、大谷の性格上、型にはめたり、伝統や上下関係を重んじたりという日本の文化があまり合っていなかったのではないかと思っている。早くそこから抜け出して、のびのびとやりたかったのかもしれない。だから適応するのも早かった。頭もいいし、最新のトレーニングやデータ活用も積極的に取り入れている。

ディラン　日本の「上下関係」は難しいよね。サムが、日本の記者たちとの絆について話していたのが、ちょっと面白かった。だって、日本の記者たちは、お互いのこと、めちゃめちゃ嫌っているんだから。

トモヤ　僕は面倒な人間関係に巻き込まれたくないから、あえて日本の記者団とは距離を置いているよ。「普通の」日本人だとみなされると、年功序列に組み込まれて、こっちが年下だと分かった途端に偉ぶってくる人もたまにいるから。僕はそういうのが嫌だから、アメリカで仕事をしている。

ディラン　僕も細かい日本式のやり方は知らないふりをするようにしている。たとえば、グラスをぶつけて乾杯する時に、目上の人の場合は、相手よりグラスを低くするとか。

トモヤ　年下がお酒を注ぐとか、焼肉でみんなの肉を焼くとか、名刺の細かい渡し方だとか、そういうのは苦手だから、僕も「アメリカ人なので知りません、申し訳ありません」みたいな対応をしている。基本的にフラットな関係が楽で好きなんだ。日本にいた時からだけど、雰囲気が日本人には見えないみたいだから、分かってはもらいやすいね（笑）。

ディラン　僕は日本人学校に行っていた時に息苦しかった。小学校の卒業式の練習で、1時間以上、同じ姿勢で座り続けなきゃいけなかったのを覚えている。少しでも動くと怒られるんだ。しかも、練習で。だから母に僕の子供たちを日本語の幼稚園に入れた方がいいと言われた時は嫌だった。あの空間にいたくないんだと言ったよ。

トモヤ　うちらみたいな、「好きにやりたいんで放っておいてください」みたいなタイプの人には、他人のやり方に干渉したり、ルールでがんじがらめにしたりする文化は相性悪いんだろうね。

ディラン　大谷について気づいたことがあるんだけど、彼は若い選手との方が相性がいいように見える。気を遣わなくていいからだと思う。アメリカでは誰も気にしていないけど、彼は年上の選手といるより、（ザック）ネトや（ローガン）オホッピーといった若い選手といる方が合ってるみたい。

僕にとっても日本の上下関係は一番合わない部分だから。それで社会がうまく回っている部分はあるんだけど。

僕はいつも、日本は1週間滞在するには最高の場所だと言っている。料理は最高。電車は時間通りに運行する。安全面で心配することもない。でも、その社会というか機械の一部にはなりたくない。

トモヤ　ディランも同じかもしれないけど、僕は日本のテレビなんかの取材を受けると、「大谷選手がグラウンドのゴミを拾うことは、アメリカ人に賞賛されているんですよね」とよく聞かれる。たぶん向こうは、「大谷選手の日本人らしい礼節ある態度がアメリカ人にウケている」と言ってもらいたいんだと思う。でも、僕は正直に答える。アメリカは価

試合開始前、観客の少年からペンを受け取りボールにサインをするエンゼルスの大谷翔平＝2021年10月01日、米ワシントン州シアトルのT-モバイル・パーク

値観が多様だから、礼儀正しいと思う人もいれば、単に綺麗好きだなと感じる人もいれば、何も思わない人もいると。そもそも日本でのようには、大谷がゴミを拾うってことは話題になっていない。

日本のメディアは、英語のSNSで野球記者や大谷ファンがそういう大谷の行動について投稿して、ちょっとイイネやコメントがついただけで大きく取り上げる。グラウンドのゴミを拾うのは、何も大谷だけがやっていることではない。アメリカ人にだって、自分の周りにゴミが落ちていたら拾う人はいる。

ほとんどの現地ファンは大谷のプレーに魅了されているのであって、一般のファンは彼の人間性については、メディアに話さないということもあって、ほとんど知らない。

日本メディアが、ゴミについてことあるごとに触れたがるのは、日本の文化が素晴らしいと海外の人に褒めてもらいたいからだと思う。視聴者の気分が良くなるから。ワールドカップでの日本サポーターのゴミ拾いが毎回、取り上げられるのと同じこと。賞賛されるのは良いことだけど、こっちからそれを引き出そうとするのは、なんか違う気がする。

ディラン　日米のメディアの違いはあると思う。日本のメディアは、必ずしも現実をそのまま伝えるのが仕事だとは思っていないんだと思う。何らかの物語を伝えようとしているんだと思う。うまくいっている場合は、神話チックにすらなる。大谷の場合は、岩手の田舎出身で、生まれも育ちも、いわゆる「日本人」なので、とにかく神話に仕立て上げようとする。日本で怖いのは、「この物語のハッピーな部分は終わった、今度はこいつをとことん潰そう」とメディアが決めた時だ。ダルビッシュが高校時代の喫煙を報じられた時みたいに。

いずれにせよ、ニュースが（大谷はプレーも人格も素晴らしい完璧な人間で、日本の誇りであるといった）結論ありきで特定の見方を促進させるためだけに用いられることがある。

4章　大谷がアメリカを変える

今季初めてユニフォーム姿で投手の球筋を確かめたドジャースの大谷翔平＝2024年02月15日、米アリゾナ州グレンデール

変化する米球界

トモヤ　過去20年で、アメリカの野球は大きく進化したよね。どの球団も統計分析をもとに編成を行うようになり、スタットキャスト[*1]によってフィールド上で起きていることが数値化されるようになった。ドライブライン[*2]のように、データ解析を用いてパフォーマンス向上を施すトレーニング施設も出てきた。

　二人が見てきた中で、最も大きな野球界の変化は？

ディラン　投手の球速かな。今の選手は本当に速い球を投げる。これには論争があって、あまりに速い球を投げると怪我をしやすくなるという意見もある。メジャーの投手はNFLでのランニングバックのようになるのか？　数年間、働いたら故障するみたいな。育成にも影響を与えている。ドジャースでは、3イニングを超えては投げさせない。そしてとにかく速い球を投げさせようとする。球のスピードが速ければ速いほど結果も良くなるという統計があるから。

　球速が上がったことで、打者も対応せざるを得なくなった。ムーキー・ベッツ（ドジャース）とマイク・トラウトがポッドキャストで語っていたことだけど、二人ともピッチングマシーンの球を打つのは好きではないけど、練習で取り入れないわけにはいかないんだって。フリー打撃では、そこまで速いボールは体感できないから。それに球速が上がると、打者はどうしても狙い球を絞る必要が出てくる。この投手は、このカウントでは、この球

＊1 **スタットキャスト** 球場に設置されたカメラとレーダーを使い、野球の試合で起こるあらゆる動きを追跡するシステム。投球の速さやボールの回転数、バットとボールの衝突点、ボールの飛距離など、様々な情報を計測できる。スタットキャストのおかげで、「この選手は足が速い」「このピッチャーのボールはキレがある」などといった、これまでは感覚的に表現されてきたことを、具体的な数字で示すことができるようになった。これによって球団は、個々の選手の能力をより正確に評価して戦略を立てられるようになった。選手やコーチも、個々のパフォーマンスを分析して改善する手がかりとして役立てている。たとえば、ピッチャーなら自分の投げるボールの質、打者ならどのようにしたらもっと遠くにボールを飛ばせるかなどを知ることができる。

＊2 **ドライブライン** 科学的なアプローチとデータ分析を駆使して、投手と打者のパフォーマンス向上を目指す野球トレーニング施設。モーションキャプチャ、高速カメラ、各種センサーを利用して選手の動きを詳細に分析し、投球フォームやバッティング技術の改善など、個々の選手に合わせたプランを作成する。特に、重量の異なるボールを使用するなど、独自のメソッドで投球速度の向上を目指すトレーニングで知られている。メジャーリーガーはもちろん、大学生や高校生など、プロを目指す若手選手も多く訪れる。

種を投げる傾向にあるっていうデータをもとに。

サム　ルール変更も大きな影響を与えている。ピッチクロックやベースの拡大、守備シフトの制限、延長戦のタイブレーク制などは、小さな変化ではないと思う。野球というスポーツの見た目はあまり変わっていないかもしれないけれど、戦い方は変わってきている。

僕が野球を見始めた頃は、ランナーが二塁にスライディングして相手の脚を折っても、謹慎処分にすらならなかった。ホームでキャッチャーにタックルしても同じこと。守備シフトは、過去15年くらいで一般的になった。でも安打が少なくなるという理由で制限された。延長戦の変更も選手起用に影響を与えて、結果的に登録枠の数が増やされた。今では一人の投手が7、8イニングを投げるのは稀。登録枠が増えて、使える投手の数が増えたから。ルール変更によって、勝つための戦略が変わったんだ。

トモヤ　サムが言ったように、23年には3つの新ルールが採用された。ピッチクロックの導入、ベースのサイズの拡大、そして守備シフトの制限。試合のペースを早めて、試合中のアクションを増やして、安全性を高めることを目的としている。これらの新ルールについてどう思う?

サム　ピッチクロックは素晴らしいと思う。でも、24年からさらに短くなるのはどうかと思う（ランナーがいる場合、投球動作に入るまでの制限時間が20秒から18秒に短縮される）。少しは息を吐く暇があってもいい。ビールを飲みながら球場でのんびりしたい観客も多いはず。別にバスケットボールと同じ長さにする必要はない。3時間半の試合があってもいいと思う。MLBがやろうとしていることは、野球はこうあるべきだっていう枠にはめようとしているだけだと感じる。

野球の特性を尊重しないと。現コミッショナーは、野球への敬意が欠けているような気がしてならない。ただ試合を短くしたいとしか思っていないんじゃないかな。

＊3　ピッチクロック　無駄な時間を減らし、試合のテンポを速める目的で設けられたルール。投手はピッチクロックの制限時間内に投球動作を開始しなければ1ボールが、打者も一定の時間内に打席に入って構えなければ1ストライクが宣告される。2024年シーズンでは、投手はキャッチャーからボールを受け取ってから、無走者時には15秒、走者がいる場合には18秒以内に投球動作に入らなければならない。打者は残り8秒で打席で構えなければ違反となる。正式名称はピッチタイマー。

＊4　延長戦のタイブレーク制　延長戦を迅速に決着させるために、両チームともに無死二塁から攻撃を始めるルール。延長10回の開始時から、先頭打者の前の打順を打つ選手が二塁ベースにランナーとして置かれる。試合時間の短縮と選手の負担軽減を目的に導入された。ポストシーズンでは適用されない。

守備シフトの制限にも反対。シフトはルールの範囲内で勝つために最善を尽くした結果だから。それを制限するのは、戦略の要素を奪うことにしかならない。同じ理由で延長戦に関する新ルールも好きになれない。試合が19回まで進む可能性にどう備えるのかを考えるのも戦略。僕は長いマラソンのような試合が大好き。そういうことが起きるかもしれないのが野球の魅力でもある。毎試合、違ったことが起きるんじゃないかっていうワクワク感がある。ルール変更の中には、こういう楽しみを奪ってしまうものもある。

ディラン　ピッチクロックについては、投手の故障が増えるんじゃないかと危惧している。でも試合時間が短縮されるのは嬉しいこと。多くの試合は不必要に長いから。毎日、野球観戦に4時間も費やす余裕のある人は少ない。同時に、野球が他のスポーツと異なるのは、投手が一球一球に時間をかけて想いを込められるところ。それが緊張感を生む。ピッチクロックはそれを犠牲にしてしまう。

守備シフトの制限は構わない。ヒットが増えるのは良いこと。

進むデータ化

トモヤ　二人が選手を評価するのに参考にしている指標は?

サム　OPS+とERA+[*5][*6]は良い指標だと思う。球場の違いや時代の違いを考慮しているから。その年の平均的な打者や投手と比べて、どれくらい優れているか、劣っているかが一目で分かる。これらの指標は、色々な打撃や投球の数字を総合したものだけど、個々の要素で見るなら、打撃では本塁打数、投球ではWHIP[*7]などが大事になってくると思う。

＊5　ERA（イーアールエー）　Earned Run Averageの略。日本語では防御率。投手が1試合（9イニング）平均でどれくらいの自責点を許したかを示す。計算式は（自責点÷投球回）×9。年によっても変わるが、先発投手の平均は3・75くらい。日米で投手のパフォーマンスを評価するのに用いられているが、味方の守備や審判やスコアラーの判断、運など投手がコントロールできない要素に大きく影響されるため、他の指標と組み合わせて用いるべき。

＊6　ERA＋（イーアールエー・プラス）　OPS+の投球版。選手の防御率をリーグ平均と比較し、球場の違いを加味した上で、100を基準として示す。例えば、ERA+が120であれば、平均的な投手よりも20パーセント優れていると解釈できる。逆に80であれば、20パーセント下回っている。

＊7　WHIP（ウィップ）　Walks and Hits per Inning Pitchedの略。投手が1イニングあたりに平均で何人の走者を出したかを示す。計算式は、（与四球＋被安打）÷投球回。年によっても変わるが、メジャー平均は1・30くらい。防御率と並んで投手の能力を測るのに広く用いられるが、四球や単打と本塁打を同じ結果として扱うなどの問題点もあるため、他の指標と組み合わせて用いるべき。

守備ではＵＺＲ[*8]が良い指標だと言われている。キャッチャーだと盗塁を刺す力とかフレーミング力も大事になってくる。

運やチームメイトの能力といった、実力以外の要素に左右されないのは、指標として大事。そういう意味では、ＦＩＰ[*9]も優れた投球指標。

逆に、重視しない指標としては、たとえば打点がある。日本ではよく使われているみたいだけど。あと日本の記者にいつも聞かれるのが投手の勝利数。正直言って、あんなにどうでもいい指標はない。ジェイコブ・ディグロムがサイ・ヤング賞をとった年なんて、10勝9敗（２０１８年）、11勝8敗（２０１９年）だよ。投手の実力を示す数字は他にいくらでもある。チームの勝敗は、何よりも重要な結果だけど、投手の勝ち星は、投手の働きがどれだけチームを勝利に近づけたかを測るには適していない。他の選手がどれだけ活躍したかに大きく左右されるから。

ディラン　僕はこの分野では時代遅れな化石かもしれないな。投手では投球回を重視している。今では大量のイニングを投げるピッチャーは見なくなったけど。クレイトン・カーショーが、毎回7回は投げていた時、どれだけチームを助けることになっていたか。僕はロサンゼルス・タイムズの方針（報道の客観性を保ち、利益相反を防ぐために、記者による投票を禁止）で、ＭＶＰとかサイ・ヤング賞なんかに投票することはできないけど、ある選手が成績は劣っていても30イニング以上多く投げていたら、そっちに票を入れると思う。

トモヤ　投球回については同感だね。貢献度は［質］×［量］で決まるから。大谷で言えば、二刀流をやっているため中5日の登板で、どうしても他の投手に比べてイニング数が少なくなってしまうから、よほど防御率やＷＨＩＰが低くないとサイ・ヤング賞を受賞す

＊8　ＵＺＲ（ユージーアール）　Ultimate Zone Ratingの略。守備能力を評価するための統計指標。各選手が平均的な守備と比べてどれだけ多くの得点を防いだか、または失ったかを測る。計算式は複雑なので割愛するが、大まかに言うと、インプレーの各打球が平均でどれくらいアウトになっているのか、そしてヒットになった場合の得点価値をもとに算出される。守備範囲、肩の強さ、エラー数、ダブルプレーの数が考慮される。

＊9　ＦＩＰ（フィップ）　Fielding Independent Pitchingの略。守備の要素を除外して、投手のパフォーマンスを評価する統計指標。投手が結果をコントロールできる要素（三振、四球、死球、本塁打）だけに注目した場合の防御率として算出される。計算式は、｛13×被本塁打＋3×（与四球＋与死球）－2×奪三振｝÷投球回＋定数。インプレーになった打球がヒットやアウトになるかは、守備力やボールの落ちどころなどの運に大きく左右されるとの考えがもとになっている。実際の防御率以上に将来の防御率と相関関係が高いため、投手の能力をより正確に反映しているといわれる。

アスレチックス戦の7回表、エンゼルスの大谷翔平は本塁打を放つ＝
2022年08月09日、米カルフォルニア州オークランド

17

るのは難しい。

ディラン　チーム状況によって求められる能力も変わってくる。（安定した打撃をする）コーリー・シーガーやジャスティン・ターナーと一緒にやっていたドジャース時代のコーディー・ベリンジャーなら、三振が多いのは問題にならなかったけど、彼しか頼りになる打者がいないチームでやる場合は、プレーオフで半分は三振なんてことになったら問題になる。チームスポーツだから、置かれた環境の中でどれだけ機能するかを考える必要はあると思う。

正直言って、自分の直感も評価に入る。自分がそのチームのファンなら、大事な場面でこの選手にバッターボックスに立ってほしい、マウンドに上がってほしいと思うか？　逆に、敵チームだったら、その選手と大事な場面で対戦したいと思うか？　そういう感覚も考慮すべきだと思う。

トモヤ　エンゼルスのジョー・マドン元監督が、今のメジャーリーグ球団は、データに傾倒しすぎていると批判していた。エンゼルスで、GMとアシスタントGMが試合前に監督室に入ってきて「ああすべき、こうすべき」と指図するのが気に入らなかったみたいだね。エンゼルスのコミュニケーションのとり方に問題はあったかもしれないけど、データが示す傾向なんかを頭に入れておくのは、今の監督や選手にとって不可欠な作業だと思う。昔に比べると、データの量はもちろん、データの質も格段に向上した。ある数字が何を示していて、それをどう試合に生かすかというノウハウが、メジャーでは日々進化している。以前は感覚に頼っていた部分を、数字という根拠をもとに判断できるようになった。

二人はメジャーにおけるデータの活用と傾向についてどう思う？

サム　ジョー・マドンの主張は、ちょっと弱い気がするな。彼がレイズで08年に何をしたかというと、情報を活用して、根拠に基づいた判断を下すことで成功した。「アナリティクス（解析）」という用語を聞くと身構えてしまうかもしれないけど、つまりは情報をどう活用するかということ。

確かに、チームが数字に振り回されて全てを決められてしまうことで問題が起きる可能性はある。エンゼルスは、うまくデータを活用できていない球団なのかもしれない。22年の投手の起用や戦略プランで、それが垣間見えた気がする。たとえば、投手として良い結果を残すことよりも、奪三振を求めすぎた。

マドンが自由な発想を持って賢い監督としての評価を得て、ワールドシリーズに2度進出して1度は優勝したことを考えると、今回の批判にはちょっと驚いた。野球は情報なしにはもう勝てない。データを収集して分析できる優秀な人材がいなければ勝てなくなっている。情報を持っているチームが強いともいえる。ジョー・マドンが、もう監督として雇われていないのには理由があると思うよ。

ディラン マドンの気に障ったのは、アレックス・タミン（アシスタントGM）がロッカールームにしゃしゃり出てきたことだと思う。データの是非を巡る論争の大部分は、人間関係だと思う。現場のコーチや選手はプロまで野球をやった人たち。でもフロントには、ほとんど、もしくは全く野球をやったことのない人もいて、そういう人が現場に出てきて戦い方を指図する。それが軋轢《あつれき》を生むんだ。

情報があるに越したことはない。それには誰も反対しないはず。でもアスリートが情報をどう消化するかは別の問題。情報は一切いらないと拒否して、それで成功できる選手もいる。逆に、情報がないとダメだという選手もいる。一人一人、違って当たり前。最近、10〜11歳のサッカーチームをコーチしたんだけど、一人一人の個性に応じて話し方を変える必要があった。自分の子供たちでも、それは同じこと。

現場の人間が気に入らないことの一つが、フロントの人間がしばしば数字を責任逃れに使うこと。結果は出ていないのに、「数字はこう示していて、それに基づいて判断を下したのだから正しかった」と主張する。15年にロイヤルズがワールドシリーズで優勝した時、ある球団のフロント関係者が、（当時ロイヤルズの監督だった）ネッド・ヨーストの采配がいかに酷いかが話題になっていると話していた。でもヨーストはそれで優勝した。誰がなんと言おうと、求められていた仕事をこなしたと僕は思う。

プロスポーツは過酷な世界。選手だろうが、コーチだろうが、いつクビを宣告されるかわからない。フロントが総入れ替えされることもある。誰もがオーナーに、自分の言うことが正しいと説得しようとする。一般的には、フロントで働く人の方が学があって話もうまい。オーナーと会話の波長も近い。だから現場の人間よりも切られづらい。現場でよく聞く最大の批判は、「ユニフォームを着て働く人間は、失敗したらメディアに向き合わなくてはいけない。なのにフロントの連中は、うまくいかない時は隠れてしまう」というもの。フロントが有利な状況に、現場の人間は不満がたまって、緊張が生まれている。

米国での野球人気

トモヤ　アメリカでの野球人気について話そう。

日本人の中には、「人気が落ちている」とか「フットボールやバスケットボールより遥かに下」っていう印象を持つ人もいるけど、そんなに単純な話ではない。まず、観戦する競技としての人気なのか、参加する競技としての人気なのかを分けて考える必要がある。観戦する競技としても、プロと大学を合わせて考えるのか、トップリーグ同士だけを比較するのかによって答えは変わる。

メジャーリーグについて言えば、チケットの売り上げや視聴率などを見ると、全く悪くない。球場の収容人数が大きくて、試合数も多いから、全球団を合わせた観客動員数は7074万人（2023年）で、NBAとかNFLに3倍以上の差をつけている。地域単位で見れば、アメリカに本拠地を置く29球団の3分の1以上が、看板番組が並ぶプライム時間帯にトップの視聴率を記録している。

ただし、過去と比べると、ワールドシリーズの平均視聴者数が、ピークだった1978年の4428万人から2023年の908万人にまで落ちている。ギャラップ社の「最も好きな観戦スポーツ」の調査では、野球は、初回の1937年にはアメリカ人の34パーセントから支持を集めて1位だったけど、2017年には9パーセントで3位にまで落ちている。1位は37パーセントの支持を集めたアメフトで、2位は11パーセントのバスケットボールだった。注目すべきが7パーセントの支持を集めた4位のサッカー。ここ15年くらいで急激に伸びた。

二人は野球人気の変化を、どう見ている？

サム　23年のワールドシリーズの視聴率は、野球自体の人気というよりは、対戦カードの地味さを反映していた。でも確かに、最近のルール変更は、明らかに野球をファンにとってもう少し魅力的なものにしようという意思の表れ。それによって少しは盛り上がったと思う。

野球が衰退しているという見方は、ちょっと大袈裟《おおげさ》だと思う。観客動員数は増えているし、僕らの記事もよく読まれている。興味のある人は多いと思う。あと10年くらいたって、野球ファン層の中心を担う人々が歳をとったり亡くなったりした時に人気がどうなるのかは気になるけど。それで一気に下降する可能性はあるのかもしれない。

ディラン　マイケル・ジョーダンが全てを変えたと思う。僕が子供の頃、野球が一番人気だった気がするけど、彼が活躍して変わった。野球は今や「地域」スポーツで、各球団は地元にこそファンはいるけど、地元以外では試合も見られていないし、選手も知られていない。全米で知名度があるのは、ほんの数人だけ。だから「最も人気のあるアスリート50人」みたいな調査では、野球選手は一人か二人しか入らない。

一つの理由は、子供が野球をする機会が減ったこと。全体的に、子供が外で遊ばなくなっているのもある。それに野球はお金がかかって、場所も人数も必要になる。サッカーなら、3対3でも10対10でも20対20でもできる。必要なのはボールだけ。僕の子供は10歳と13歳だけど、二人とも野球のルールさえ知らない。大谷以外には、野球選手を一人も挙げられないと思う。

トモヤ　僕の7歳の息子の友達を見ても、サッカーのメッシやキリアン・エムバペとか、（地元NFLチームの）ロサンゼルス・ラムズの選手なんかが好きっていう子はいても、野球選手に憧れているというのは、本格的に野球をやっている子たち以外にはいない。

ディラン　アメリカのポップカルチャーは、黒人文化から派生する。まず黒人の間で流行《はや》ってから、それ以外の人が乗っかる。フットボールやバスケットボールは黒人の間で人気があるけど、野球はそうではない。野球をするのはクールじゃないんだ。（90年代に絶大な人気を誇った黒人の野球選手）ケン・グリフィー・ジュニアはクールだった。今はそういう選手が野球にいない。

あと、NBAやNFLの試合を見ていると、信じられないようなプレーが飛び出す。NFLのレシーバーが飛び上がってキャッチするのを見ると、「どうやればあんなことができるんだ」って驚かされる。野球もそれくらい身体能力のある選手がいればダイナミックになる。

（キューバ出身で元ドジャースの）ヤシエル・プイグが魅力的だったのも、それが一つの理由だった。もし彼がアメリカで育っていたら、（アメフトの強豪大学リーグ）サウスイースタン・カンファレンスでラインバッカーになっていたんじゃないかと思わせるような体格と身体能力に恵まれていた。ライトからの返球には度肝を抜かれたよ。これは別格だとすぐに分かるすごさがあった。日本で一目見て大谷が成功すると思ったのも、すごい身体能力があったから。

でもアメリカでは、そうしたレベルのアスリートが、野球を選ばなくなった。この国で野球人気を復興させるなら、飛び抜けたアスリートをリクルートできないといけない。

あと今の野球は、みんな同質に感じてしまう。みんな似たようなスイングをするし。だからこのままだと、さらに地位も落ちていくと思う。それに比べると、NBAはドラマのような面白さがある。（身長211センチの）ケビン・デュラント（フェニックス・サンズ）を見ていると、あんなにデカいのに、信じられないくらいの技術と身体能力がある。もうこんな選手は出ないんじゃないかと思っていたら、まるでキリンのような（身長224センチの）ビクター・ウェンバンヤマ（サンアントニオ・スパーズ）が出てくるんだから。
バスケでは、そうした信じられないプレーに加えて、（リアリティ番組のような）エゴのぶつかり合いが見られる。そこまで到達するようなアスリートは、自分は神に能力を授かったと思っていて、そういうふうに行動するようになるから。自分の思い通りになってきたから、自分の感情も曝《さら》け出すようになる。それが面白くさせている。

トモヤ　確かに、個性ある野球選手は、昔に比べて少なくなった。プレーの同質化は、データ分析の普及で、「最適解」が共有されるようになったのが大きな要因だと思う。ホームランや長打の価値が数字で明らかになったことで、みんなが長打狙いのスイングになったように。

僕は野球人気の下落は、インターネットの普及によって、人々の興味が分散したことにあると考えている。以前はテレビで放送されているものを見るくらいしか家の中でやることがなかった。家に一台しかテレビがなくて、お父さんが夜に野球中継を見る家だと、それを子供も一緒に見て好きになるというケースは多かったと思う。でも今は、自分のパソコンやスマホから、瞬時に自分の興味あるトピックの情報にアクセスできる。家族の誰かが見ているからとか、テレビでそれしかやっていないからといった受け身な理由で野球を目にしてファンになる時代は終わった。

テレビしかなかった時代は、テレビが野球のような「主流」文化ばかりを大々的に放映することで、さらに人気が高まるという現象が起きていた。でもインターネットの登場で、情報を発信する側も受け取る側も細分化したから、「主流」文化から「ニッチ」な文化に人が流れた。それが野球人気の「低下」ってことなんだと思う。


ディラン　僕は、インターネットが野球を救ったと思っている。

野球は商品としての質が落ちて人気がなくなっていて、テレビでも存在感が薄くなっている。（スポーツ専門局）ＥＳＰＮでも、野球のニュースは、今やほとんど取り上げられない。数年前に、ゲリット・コールのヤンキース移籍が決まった時、ホテルの部屋で情報を得ようと思ってテレビをつけたら、（野球界のビッグニュースなのに）どこのチャンネルでも全く報じていなかったのを思い出す。

でもインターネットのおかげで、ＥＳＰＮで全く取り上げられていなくても、野球ファンはサムの書いた記事なんかで情報を得られる。MLB.comは、ＭＬＢにとって最大の成功の一つかもしれない。他のスポーツリーグも、みんな真似《まね》したくらい。

トモヤ　なるほど。野球は「主流」ではなく、すでに「ニッチ」だということか。確かに、野球専門サイトやX（旧ツイッター）といった媒体がなかったら、もはや野球ファンは情報を手にいれられなくて困るだろうね。そこが、いまだに毎晩、テレビの一般向け報道番組でも野球のニュースを目にする日本との大きな違いだな。

サム　インターネットが、そこまで野球に悪影響を与えたとは思わない。ディランの言うように、情報が増えたことで人気が高まったと思う。ソーシャルメディアで選手と交流する手段が増えたし、ネットには野球関連の記事や議論で溢れている。瞬時にハイライトを見ることもできる。大谷なんかは、すごいプレーをすると、すぐに動画が拡散する。そうやって彼のブランドが高まった。

トモヤ　僕が書いた大谷記事の中で、一番読まれたものの一つが、「大谷はアメリカを全米熱狂させていない」というもの。別に「大谷がアメリカでは人気ない」と言いたかったのではなくて、日本メディアが誇張表現を使っていることを指摘して、読者に実際のアメリカの様子を伝えたかった。それがジャーナリズムだから。

大谷はアメリカの野球ファンの間では絶大な知名度と人気を誇るけど、スポーツに興味のない人が名前を知っていたり、井戸端会議などでみんなが話したりするような「社会現象」にはなっていない。街行く人に聞いても、ロサンゼルス以外では、10人いたらスポーツ好きの3人が知っている程度だと思う。

人々の関心や興味が多様なアメリカで、その認知度は十分に高いと思うけど、インターネットが普及する以前に生まれた、マイケル・ジョーダンやタイガー・ウッズ、野球で言えばケン・グリフィー・ジュニアのような社会的地位まで大谷は上り詰められると思う？

ディラン　大谷の知名度は、野球というスポーツの現状を反映していると思う。ジョーダンとグリフィーが活躍した90年代前半は、まだ野球がバスケットボールの人気を上回っていた。一番お金をもらっているのも野球選手だった。グリフィーが子供たちの憧れだったのも野球人気が高かったから。でも、今の時代は、野球はNFLと大学フットボール、NBAに次ぐ人気に落ちた。

でもその中でも、大谷は唯一、一般人でも知っていそうな野球選手だと思う。野球は見ていないけど、聞いたことはあるみたいな。自転車競技は見ないけど、癌を乗り越えたってことで社会現象になったランス・アームストロングを知ってるのに近い。陸上なんて、もうほとんど誰も見ていないけど、ウサイン・ボルトを知っているみたいな。でもボルトでさえ、メッシやクリスティアーノ・ロナウドには絶対に及ばない。スポーツ自体の人気が違いすぎるから。

時代のタイミングも影響すると思う。タイガー・ウッズが大活躍し始めた頃、ついにアメリカが人種問題を乗り越えるのでは、という明るい希望があった気がする。誰が言ったか忘れたけど、「私たちは、最高のゴルファーが黒人で、最高のラッパーが白人の時代を生きている」というジョークがあった。能力があれば肌の色に関係なく何にでもなれるという理想の社会に近づいていると感じていた。

野茂がアメリカに挑戦したのが、日本車が市場を席巻している時だったのも、何か影響はあったかも。日本の家電会社が、アメリカにはない面白いガジェットを作っていた時代でもあった。それと似た感じで、野茂の投球フォームもユニークだった。

トモヤ　大坂なおみは、時代の潮流に乗った気はする。トップ選手になった時に、ちょうどブラック・ライブズ・マター運動が盛んになって、黒人である彼女は声を上げた。快く思わない人もいたけど、それ以上に注目と熱狂的な支持者を得た。日本だと、アスリートが政治や社会問題について発言すべきではないという風潮があるから、大坂のイメージを悪くしたけど、アメリカだと逆に地位が高まった。

ディラン　日本では政治や宗教的活動をやっていると、変な人と見なされることがあるからね。

大谷が変える日本人観

トモヤ　野球は正しい方向に向かっていると思う？

ディラン　グローバルな成長は不可欠になってきている。米国内では、すでに最高のアスリートを他のスポーツにとられているから。そういう意味では、日本では身体能力の高いアスリートの多くが野球を選んでいるのは良いこと。韓国も似ている。ドミニカ共和国などいくつかの中南米の国でも、トップアスリートが野球を選んでいる。

各球団が地元ファンからの支持を基盤に成り立っていることが幸いして、メジャーリーグがなくなるってことはないと思う。各都市は、そこの野球チームと深い関係を築いているから。たとえばロサンゼルスでは、毎試合5万人が入るくらいドジャースと強い結びつきがある。

でも、全米で広く知名度や人気があるスターがいないのは不安材料ではある。レブロン・ジェームズやトム・ブレイディやパトリック・マホームズのような。それに労使関係の悪さが加わる。メジャーリーグには、プロスポーツで一番強力な選手会があるけど、オーナー側との間に長年蓄積された不信感と敵対意識がある。同じ船に乗っていることを理解していないかのような。どこかのタイミングで、以前のようなストライキが起きて、1年くらい試合が中断されるようなことになれば、大打撃を受ける可能性はある。全米レベルのスターがいないことで、他のスポーツよりも脆《もろ》さがあると思う。

サム　野球は良い方向に向かっていると思う。野球はディランの言うように地域に根差したスポーツで、NBAのようにスーパースターが主導するようなリーグではない。だから、NFLやNBAとは違ったやり方で成長できると思う。野球人気が低迷しているという見方は誇張されていて、僕は結構、健全な状態だと思っている。

浮き沈みはあるもので、21年から22年にかけての労使交渉で、シーズンがキャンセルなんてことになっていたら大打撃だったと思う。でも野球自体の人気は高いし、存在自体が脅《おびや》かされる事態というのは想像しづらいね。

トモヤ　大谷がドジャースのような人気球団の一員としてワールドシリーズで勝つことは、野球にどれだけ良い影響があると思う？　僕は、それによって、大谷がマイケル・ジョーダンとかセリーナ・ウィリアムズといったスポーツファン以外にも知られるようなスーパースターになって、アメリカで野球が「クール」なスポーツとして認知されるようになる可能性はあると思う。

ディラン　スター選手は、そのスポーツの広告塔だから、全米レベルの認知度があってほしい。（元ヤンキースの）デレック・ジーターは、最高の選手というわけではなかったけど、常に頼りになって存在感があった。彼を中心に、野球のストーリーが回っていた。

NBAはマイケル・ジョーダンを中心に回っている時代があって、その後、少し空白期間を経てから、レブロン・ジェームズの時代になった。この20年くらいは、レブロンを中心にNBAは回ってきた。他チームはレブロンを倒すためのチーム作りをする。そういう軸になる存在がいるとスポーツは盛り上がる。大谷が毎年10月にプレーオフで活躍できれば、そういう存在になれる。

トモヤ　アメリカで大谷人気が高まっていることを、ディランは日系人としてどう感じているの?

ディラン　いいことだと思う。二つの文化で育った者として、どの文化にも良いところと悪いところがあると感じている。大抵の場合、良いところと悪いところは同じところから来ている。つまり紙一重なんだ。

多様性に反対の人もいるけど、アメリカ人の多くは、この国が移民によって成り立っていて、それが強みだということを理解していると思う。それでも、「アメリカがナンバーワン」みたいに思い込んでいる部分がある。僕はアメリカの全てが優れているなんて思わない。前にも言ったように、日本には住めないかもしれない。でも、日本の良いところはいっぱいあるし、僕は日本の記者たちに、「そんなにアメリカを崇拝する必要はないぞ」って言いたい。

大谷の活躍を通して、アメリカが取り入れた方がいい日本文化の優れたところが注目されるのはいいこと。自分たちのやり方以外にも、色々な方法があるんだと気づくから。たとえば、マクドナルドで注文したビッグマックの中身が中心からずれているのを、お店の人がちょっと時間をかけて日本のように真っすぐにしたら、みんながちょっと幸せになる。

マイケル・ジャクソンの活躍によって、黒人ミュージシャンが様々な賞を獲得したり、最高のミュージシャンだったりすることが当たり前になった。僕はその頃に生まれたから、物心ついた時から、黒人ミュージシャンが活躍しているのが当たり前の中で育った。マイケル・ジャクソンのような卓越した存在というのは、異なる文化に目を向けさせ、その素晴らしさを認識させてくれるんだ。

僕の年代は、マイケル・ジョーダンがみんなにとってヒーローだった。そのことが、僕らの世代が、その前の世代よりも人種偏見が少ない理由の一つだと僕は推測している。モンタナ州かどっかの人種偏見の強い家庭で育った子供が、マイケル・ジョーダンが好きすぎて、（黒人である）ジョーダンのようになりたいって思ったかもしれない。その人のようになりたいって思う気持ちは、思考を変える原動力になる。

僕の10歳の甥っ子は、地元のリトルリーグでプレーしているんだけど、彼の試合を見に行くと、子供たちがみんな大谷のシャツを着ている。みんな大谷みたいになりたいって言うんだ。

その影響は、20年くらいは表れてこないかもしれない。でも、その子供たちが、憧れである大谷が14時間くらい寝ているなんてことを読んだら、僕もそうしなくちゃと思うかもしれない。そういうふうに、彼が持つ日本的な価値観みたいなものも、アメリカ人に紹介されていくかもしれない。それは僕にとって嬉しいこと。誇りにすら感じると思う。日本の方がずっといいと思っている部分もあるから。たとえば、算数の勉強の仕方とか、日本のやり方でやってくれないかと願っている。アメリカのやり方は、ほんとダメだから。

トモヤ　野茂英雄、イチロー、大谷といった日本人選手は、アメリカにどんな影響を与えたと思う？

ディラン　野茂はとてつもない人気だった。野茂が来たのは、多分ピークを過ぎてからだったんじゃないかな。それでも数年間は、素晴らしい投球を見せてくれた。野茂が来る前は、日本はアメリカの選手が行ってプレーする場所だった。それが野茂が来て、「日本のプロ野球もレベルが高いんだな」と知ったと思う。

イチローは、投手だけでなく、野手もメジャーで通用するんだと証明した。足も速かったから、日本人は技術だけじゃなくて運動能力もあるんだと思われるようになった。

大谷の登場は、まさにその次の進化だった。アメリカ人よりも大きくて、パワーがあって、足も速い。身体的に上回っている。それを受け入れるのに、4、5年かかった。それまでの偏見を大きく覆すものだったから。人というのは、分かりやすいカテゴリーに分類したがる。大谷も野茂やイチローと同じように、アメリカ人が持つ日本人観を変えたんだ。

5章　野球記者の役割

マリナーズ相手に、投手として7回を無失点に抑え、打者としても打点と得点を記録した後に、囲み取材を受ける大谷翔平。質問をしているのはサム・ブラム（左）=2022年９月22日、米カリフォルニア州アナハイム（撮影:：志村朋哉）

記者という仕事

トモヤ　最後にアメリカの野球記者という仕事について話そう。野球記者の仕事って、時代とともにどう変わった？

ディラン　僕が新聞社で働き出したのは、まだインターネット初期の時代で、紙の新聞が主流だった。でも、今はネット上に様々な媒体が存在していて、スピードが重視されるようになった。以前は毎日の締切までに記事を書き上げればよかった。確か23時15分が締切で、それ以降は記事を更新することもできないから、しばらくは気を抜くことができた。その反面、朝起きてライバル紙に自分が全く知らなかったようなことが書いてあるんじゃないかという不安がいつもあった。そうなった場合、次の朝までは、どう足掻《あが》いても記事が読者に届かないから。

今は誰かがスクープしても、それを10分以内に自分がソースに確認して（後追いで）記事にできるから、そういう不安はない。でも、逆に今は気を抜く暇がない。「締切」という終わりがないから。僕は（速報を流す）番記者としては、それなりに優秀だったと思うけど、もうストレスが大きすぎてできないと思う。

僕は今の時代に野球の番記者をやっている人を尊敬する。何か起きたら、それを瞬時にツイートや記事として配信しなくちゃいけないというプレッシャーの中で生きているから。僕も妻とレストランに入ろうとした瞬間に、何かが起きたという知らせがあって行けなくなるってことが何度あったことか。それがどんどん酷くなっていった。朝の3時に何か起きても対応しなくちゃいけないんだから。

トモヤ　僕もスポーツだけじゃなくて、選挙や警察を担当して速報を書いていた時代があるから分かるよ。確かに紙の新聞がメインだった時代は、書き忘れやミスがないかに神経をすり減らしてはいたけど、締切を過ぎれば落ち着くことができた。でも、働いていた新聞社がネットへの配信を最優先にした途端、一日に何度も締切がやってきて、完全に気を抜くことはできなくなった。

今は独立して主に解説記事を書いているから、家族の行事なんかを中断して速報を書く必要はなくなったけど、移籍や人事異動といった動きの多いメジャーリーグで番記者をしているサムのような人には敬意しかない。彼、彼女らのおかげで、僕も記事の材料が得られるわけだし。

サム　紙の新聞を主眼に記事を書く場合、試合で何が起きたかを伝えることが重要になる。

みんなが試合中継を見ていたり、SNSを追ったりしているわけじゃないから。昔は、フィールド上で起きていることを描写するのが記者の役割だった。でも今は、それ以上の役割が求められる。選手の人間性を探って、彼らが何を大事にしているのか、上達するために何をしているかといったことを読者に伝えなくてはいけない。試合内容よりも、裏で起きているチーム事情を伝えることが重要になってきている。

ソーシャルメディアによって、選手との関係も変わった。世間が思っている以上に、選手たちはネットの情報を見ている。記者がツイートしたことも見ていて、家族や友達が見て伝える場合もある。昨日、ちょうどある選手と話していて、X（旧ツイッター）で「バーナーアカウント（匿名性を保つために作ったアカウント）」を持っていることを明かした。僕が数カ月前に書いたツイートをチェックしていて、ちょっと驚いたよ。まあ自分のことを毎日のように書かれている人が、それをチェックするというのは別に不思議なことではない。

記者はそういったことに適応していかなくちゃいけない。球場に着いたら、毎日、何が大事かを見極めて、色々な方法でライバル記者を上回れるようにしないと。

ディラン　スマホなど、カメラがどこにでもあって、ソーシャルメディアであらゆることが瞬時に拡散するようになって、記者と取材対象のやりとりが根本から変わった。ドン・マッティングリーがドジャースの監督だった時、彼とは良い関係で、よく皮肉を言ったりからかい合ったりしていた。でもある日、弟から電話があって、「お前、嫌なやつだな」と言われた。マッティングリーと僕が喧嘩《けんか》していると思ったらしいんだよ。

昔は気に入らないことがあれば、監督や選手もストレートにぶつけてきた。当時は、選手とうまくやっていくには、一度、衝突がないとダメだとすら思っていた。思い出してみると、良い関係を築けた選手は、みんな一度は言い合いをしたことがある。ラッセル・マーティンやマット・ケンプ、アンドレ・イーシアとか。クレイトン・カーショーとも一度、大きな言い争いをした。彼らが、ロッカールームで人目を憚《はばか》らず記者に詰め寄る最後の選手たちだったと思う。

もうそういうことは起きないだろう。やり取りがツイッターに流されてしまうから。僕自身も、質問をする時に、少し気をつけるようになった。多くの場合、選手と二人だけで話せるところに行くようにしている。僕自身がニュースにならないようにしないといけないから。選手たちは、暗に怒りとか不満を表現するようになった。多くの場合、伝えてこようともしない。最後に選手が直接、記事への不満とかを言ってきたのがいつだかもう覚えていないよ。

トモヤ　野球記者という仕事の魅力は?

サム　誰かの役に立つ話や、みんなが気づいていない話を調べて伝えられるところかな。僕にとっては、そこが一番のやりがい。今週は、早産した息子と一緒にいるため23年シーズンを欠場した、マックス・スタッシ（元エンゼルス捕手）と彼の家族にインタビューするため、サクラメントに行っていたんだ。この記事を書くことで、彼と彼の家族や、読者の助けになれれば嬉しい。それに、スポーツを通して、社会の色々な面を知って伝えることができる。それもすごく面白いと感じる。

トモヤ　分かるよ。試合の内容だけではなくて、そこで起きている人間ドラマやアスリートの人間性を伝えるような記事を書いている時が楽しいんだよね。そういう記事はスポーツファン以外も読んでくれたり、感動してくれたりするし。

ディラン　正直言って、スポーツ取材は僕にとって、単に仕事になってしまった。これだけ長くやっていると、スポーツに関する多くのことは既に見てきたからね。それでも一年に一度か二度くらいは、信じられないような場面に出くわすことがある。それがいつどこで起きるかは予想できない。これまで見た中で最もすごかったのは、MLS（メジャーリーグサッカー）のプレーオフの試合だよ。ハーフタイム時点であった4点差がひっくり返ったんだ。そんな試合を人生で見られるとは思っていなかった。

トモヤ　逆に、これは嫌だなと感じている部分は？

サム　取材を制限されること。記者にとっては、自分が取材をコントロールしているんだぞって感じている人が一番うっとうしい。でも、別ルートで情報を手に入れる方法を見つけて、そういう人に「どうだ！」って見せつけられると嬉しくなるよね。どんな仕事にも良いところと悪いところがあるけど、基本的には楽しんでやっている。だからそんなに不満もない。

ディラン　僕にとっては、新聞という業界自体が崩壊しかけていることとかな。5年先に今の仕事があるかも分からない。でもそれくらいかな。記者席にいるのは楽しいし。今のポジションにたどり着くまでに、人生のとんでもない時間を仕事に費やしてきた。そうした似たような経験をした人に囲まれていられるのは幸せなこと。

「応援団」ではない

トモヤ　一般の人が野球記者や取材について誤解していることはなんだと思う？

サム　球団の番記者は、そのチームのファンではないってことを理解していない人もいる。多くの人は、メディアリテラシーの基本と記者の役割は理解していると思うけど。

興奮や喜びを表すツイートをしないとネガティブだと文句を言う人がいる。僕はエンゼルスのファンでもなんでもない。このチームを子供の頃から愛し続けていたから、今の仕事に就いたわけじゃない。エンゼルスを注意深く追っているのは、番記者としての仕事をちゃんとこなしたいから。長く取材しているとチームへの愛着みたいなものは出てくるけど、ファンではないし、応援もしない。それが記者に求められることだから。

球団の中にすら、それを理解できていない人がいる。「なんでうちに敵意があるの？」と言われたりするけど、別に敵意なんてない。単に彼らを取材していて、彼らがうまく仕事ができていないと事実を書いただけ。それ以外の、私的な感情とかはないよ。

ディラン　確かに、記者が球団に雇われていると思っている人があまりに多い。僕も、「ドジャースで働いているのに、なんでこんな批判するんだ」なんてよく言われる。僕らは新聞社に雇われているのであって、球団に雇われているのではない。

トモヤ　分かる。僕もその誤解が一番、フラストレーションを感じる。「大谷を取材しているってことは、大谷やエンゼルスのファンなんだろ」って思う人が多い。僕がスポーツジャーナリズムで一番最初に学んだのが、記者は少なくとも仕事中は、どの選手やチームの応援もしてはいけないということ。あくまで第三者として取材しないとだめ。チームカラーの服を着てスタジアムに取材に行かないとか、記者席では応援禁止っていうのは当たり前のルール。大統領選挙を取材する時に、候補者の応援をしないのと一緒。ジョー・バイデンやドナルド・トランプの帽子を被った記者が、公平に記事を書きますと言っても説得力ないよね。

二人にも分かってもらえるかもしれないけど、記者の職業病で、もうチームや選手を応援しないことが当たり前になってしまった。プライベートでスポーツを見ていても、どちらかに勝ってほしいと思うのではなくて、冷静に試合や雰囲気を分析するようになってしまった。その結果、昔よりもスポーツの試合に入り込めなくなった。感情を抑えて見る癖がついてしまった。それでも、ハラハラする展開とか、信じられないプレーが出た時は興奮する。WBC準決勝の日本対メキシコや決勝の日本対アメリカも、どちらを応援するとかはなかったけど、最高の試合展開に興奮した。

大谷は野球選手として本当にすごいと思うけど、少なくとも彼を取材しているうちは、彼のファンにはなれないし、なるつもりもない。でないと、正確に大谷の活躍を評価したり、彼を取り巻く空気感や社会の熱気を正確に伝えたりはできないから。

ディラン　でも最近は、自分のような皮肉な見方は、時代に合わなくなっているんじゃないかと感じることがあるよ。今は以前と比べても現実逃避の場をスポーツに求めている人が多いと感じる。現実社会があまりにひどい状況だから。こんなメールをもらうこともある。「いいかい、俺はクソみたいな仕事に就いていて、何もかもがクソみたいな状況なんだ。そういうことを唯一考えなくてすむのがスポーツなんだ」。もしかしたら、少数で声高なだけかもしれないけど、ネットを見ていると、事実かどうかなんて気にしない人が増えているような気がするんだ。単に逃避の場があればいいというか。この国の経済状況とかを見ていると、自分の子供が大人になる頃には、自分たちの時代よりも悪くなるんじゃないかって思ってしまう。それもあって、読者が要求するものも変わってきているんじゃないかかな。

メジャーリーガーのステロイド使用が公になった時、何が起きているのか知りたいという人は多かった。今の時代は、もうそういう悪いニュースを聞きたくないっていう人が多いと思う。この国の日常生活の苦しさは耐え難くなってきているから。

トモヤ　分かる気がする。「スポーツくらいは、そんなに真剣に受け取らなくてもいいじゃん」っていう人が増えたというか。僕は試合内容や結果うんぬんよりも、スポーツを通して見えてくる文化とか社会問題により興味があるんだけど、そういう記事はさらに読まれなくなるのかもね。特にスポーツのファンには。

日本の大谷フィーバーを見ていると、日本でもそれは同じだと感じる。「悪いニュースばかりの中、大谷選手の活躍を見て元気をもらっている」という声を本当によく聞く。テレビなんかも、そういう視聴者の気持ちに沿うかのような伝え方をする。「大谷はすごい。アメリカ人にも愛されている。日本の誇りだ」といった、日本人の愛国心というか自尊心を高めるストーリーがすでに出来上がっていて、それに合うエピソードを見つけてこようとする。

大谷のMVP受賞が報じられた時に、「地元も盛り上がっています」というフレーズに合う画を撮ろうと、エンゼルスタジアムに記者たちが行ったんだけど、オフシーズンだし人はほとんどいない。だから偶然、通りかかった人たちに、必死になって「やっぱり大谷はすごいね」「オオタニサーン、ダイスキ!」みたいなことを言わせようとする。視聴者が聞きたいことを聞かせる番組作りになっている。

僕からすれば、結論ありきで番組を作るなんてジャーナリズムじゃない、って思ってしまうんだけど、番組制作者は現実を見せても視聴者のニーズは満たせないって知っているのかも。

でも、最後にこれだけは言いたい。ここ3年間の大谷は、誇張なんてする必要がないくらい、とんでもない活躍をしている。日本人だけじゃなくて、野球ファンなら誰もが誇れるくらいの。だからこそ、メディアには、ありのままの大谷を伝えてほしいなと思う。

おわりに

志村朋哉

本書の原稿を提出後に、大谷翔平が結婚したというニュースが飛び込んできた。ドジャース移籍時と同じように、なんの前触れもなく、自身のインスタグラムに日本語と英語で声明文を投稿。いかにも大谷らしい発表の仕方だった。

「大谷はハードローンチの天才」だとサムは言う。ハードローンチとは、チラ見せしながら徐々にではなく、一気に大ニュースを発表することだ。

「MVP発表時にも、突然、愛犬ディーコイ（日本語名デコピン）が登場したしね。これだけメディアの注目を集めているのに、数年間もガールフレンドの存在を隠し通せたのは、本当にすごいこと」とサムは話す。

しかし、街中で号外が配られ、夜のニュース番組のトップで報じられ、井戸端会議の話題を独占した日本と比べると、アメリカの盛り上がりはゼロに近かった。ドジャース入団が発表された時は、私の元にも興奮したアメリカ人の友人たちからテキストメッセージが届いたが、今回はなかった。

そもそも、アスリートの結婚はアメリカではニュースにならない。ほとんどのスポーツファンは、アスリートが競技でどんなパフォーマンスを見せるのかに興味があるのであって、私生活で何をしているかまで注目する人は少ない。なので、有名人ネタを扱うゴシップメディアなども、相手がテイラー・スウィフトやジェニファー・ロペスといった、よほどの有名人などでなければ、アスリートのプライベートを詮索するようなことはしない。

それに、アメリカでは、有名人に恋人や配偶者がいるのは当然との認識があり、当事者たちもそれを隠したりはしない。だから、婚約や入籍をしても、わざわざ会見を開いて発表するということもない。

なので、突然SNSで結婚を発表して、会見を開いたにもかかわらず、奥さんの素性を全く明かさない大谷の言動を不思議に思ったアメリカ人も多い。

「アメリカ人からすると、『何を隠しているんだ、本当にいるのか、何かおかしい』と思ってしまうかもしれない」とディランは言う。

ディランは、そうしたアメリカ人の大谷に対する誤解をとくため、日本の事情を説明するコラムを書いた。

「なぜ日本人が、大谷の結婚でこんなに盛り上がっているかが、アメリカ人には分からないんだ。大谷ほどの〝国民的スター〟がアメリカには存在しないし、セレブにも、そこまで興味がないから」

ディランは、大谷の言動を説明するのに、ストーキングや誹謗中傷、過剰取材などで離婚に追い込まれたフィギュアスケーターの羽生結弦の例を挙げた。

「大谷が相手の女性を明かさなかった理由は理解できる。週刊誌なんかが結婚相手を暴こうとしているのを見て、初めて大谷のことを可哀想だと思ったよ。大谷としては逃げ場がない。アメリカではパパラッチがセレブを追っているイメージがあるかもしれないけど、それはセレブ自身がわざわざパパラッチのいる場所に行くなど、自分を売り出す手段として使っていることもある。（郊外などに）引っ越せば寄ってこないよ」

これまでアメリカ人にとっての大谷は、私生活がベールに包まれている印象があったが、結婚というプライベートの一面を公表したことで、ファンも親しみを感じやすくなるかもしれない。ドジャースには、フレディー・フリーマンやムーキー・ベッツなど家族を大事にするイメージの選手が揃っているので、チームメイトとの関係にも良い影響があるかもしれない。

「ドジャースに移籍して、大谷は少し殻を破って本当の自分をさらけ出し始めたような感じがする」とサムは言う。「でも何よりも、翔平と謎めいた花嫁を祝福しないとね」（その後、大谷とドジャースがＳＮＳで、妻とのツーショット写真を投稿した）

＊

大谷について2冊目を書かないかという話を持ちかけられた時は、正直、躊躇した。『ルポ 大谷翔平』で、私が伝えるべきことは、ほぼ書き尽くしたとの思いがあったからだ。本は「出版させてもらえるから書くもの」ではなく、「伝えたいことがあるから書くもの」だと思っている。でないと、お金を払ってくれる読者に失礼だ。

前書の焦点だった21年以降も、大谷は快進撃を続けてきた。この2年間の活躍だけでも、一冊の本にするには十分なのかもしれない。しかし、私はサムのように日々、球場で大谷を取材しているわけではない。球場での取材を減らした理由の一つは、差別化が難しいからだ。大谷の一挙一動を追う日本人記者は20人以上もいる。球場という狭い空間の中に身を置き続けて、他の誰かが書いていないネタを見つけようとするのは、効率の良い作業ではない。

対談でも話題に上がったが、大谷に単独インタビューはできないし、会見や囲み取材も制約だらけだ。ならばと、私は当初から、大谷だけを見るのではなく、「アメリカが大谷をどう見ているのか」に重点を置いて取材をしてきた。専門家やファンの評価、メディアでの扱われ方など、アメリカの新聞社で働いて培われた英語力はもちろんのこと、取材力や知識を生かせるトピックを選んできた。

それで思いついたのが、現地記者との対談本である。アメリカ人記者の居酒屋トークみたいな本音を引き出して、それをまとめたらこれまでにない大谷本になるはずだと考えた。そのトークに相応しい記者を選ぶため、「大谷に精通し、さらには忖度なしに語ってくれるのは誰か」と考えた時に、真っ先に浮かんだのがディランとサムだった。二人とも話を持ちかけたら快諾してくれた。おかげで私自身も楽しめて勉強になる対談ができた。感謝してもしきれない。業界内でも高い評価を得ている二人と名を連ねて本を出せたことを誇りに思う。

また、一度ならず二度も出版の機会を与えてくださり、原稿が遅れている時も温かく見守ってくれた編集者の松尾信吾さんに、お礼を申し上げたい。

最後に、前作に引き続き、長い執筆期間を支えてくれた愛する妻と7歳の息子に、心から感謝の気持ちを述べたい。成長した息子が、本書を読めるようになる日が、待ち遠しくてたまらない。

2024年3月

ディラン・ヘルナンデス

1980年生まれ。カリフォルニア大学ロサンゼルス校卒。ドジャースとエンゼルスの地元紙ロサンゼルス・タイムズでスポーツコラムニストを務める。それ以前はサンノゼ・マーキュリー・ニュースに勤務。日本人の母を持ち、スペイン語と日本語も流暢に話す。

サム・ブラム

1993年生まれ。シラキュース大学卒。2021年からスポーツ専門メディア『ジ・アスレチック』のエンゼルス担当記者を務める。それ以前は、ダラス・モーニング・ニュース、デイリープログレス、トロイ・レコードでスポーツ記者として勤務。AP通信スポーツ編集者賞やナショナルヘッドライナー賞を受賞。

志村朋哉 しむら・ともや

1982年生まれ。国際基督教大学卒。テネシー大学スポーツ学修士課程修了。英語と日本語の両方で記事を書く数少ないジャーナリスト。米地方紙オレンジ・カウンティ・レジスターとデイリープレスで10年間働き、現地の調査報道賞も受賞した。大谷翔平のメジャーリーグ移籍後は、米メディアで唯一の大谷担当記者を務めていた。

朝日新書
952

米《べい》番《ばん》記《き》者《しゃ》が見《み》た大《おお》谷《たに》翔《しょう》平《へい》

メジャー史上最高選手の実像

2024年 4 月30日 第 1 刷発行

著　者　ディラン・ヘルナンデス
サム・ブラム
聞き手・訳　志村朋哉
発行者　宇都宮健太朗
カバーデザイン　アンスガー・フォルマー　田嶋佳子
印刷所　TOPPAN株式会社
発行所　朝日新聞出版
〒104-8011　東京都中央区築地 5-3-2
電話　03-5541-8832（編集）
03-5540-7793（販売）

Published in Japan by Asahi Shimbun Publications Inc.
ISBN 978-4-02-295259-2
定価はカバーに表示してあります。

落丁・乱丁の場合は弊社業務部(電話03-5540-7800)へご連絡ください。
送料弊社負担にてお取り替えいたします。